DAISUKE OTOBE

君は戦略を立てることができるか

視点と考え方を実感する4時間

音部大輔 著

宣伝会議

資源優勢を探せ。

SECURE YOUR
RESOURCE
SUPERIORITY.

はじめに

2017年に『なぜ「戦略」で差がつくのか。』を上梓し、多くの方々に読んでいただくと同時に、たくさんのフィードバックをもらってきました。「戦略の考え方がようやく実感できた」「戦略の定義に納得し、戦略の概念が分かった」といったコメントに加えて、「皆にも読むように薦めているのだけれど、全員が読み切れるわけではない」「論証は少なくていいから、もう少し簡単に概観できないか」「実際どのような手続きを経てつくるのか、立案の手引きが欲しい」といったご意見もいただきました。論証に文字量を割いたことで深く理解しやすい半面、簡潔さを失いました。戦略の説明に終始し、戦略立案の手順などが十分でなかった点も反省すべきところです。

同時に、書籍をきっかけに、公開のカンファレンスから企業の組織強化、戦略構築の支援、あるいはMBA（経営学修士）の授業など、短いものは1時間、長いものはワークショップを交えて8時間、いろいろな場で戦略のお話をする機会も増えました。中でも、最も頻繁に実施しているのが、4時間の講義と4時間のワークショップを組み合わせた「戦略講座」です。参加者はビジネスで戦略の立案や提案に関わってきた方たちですが、「戦略という考え方を初めて理解し、体感できた」「短時間で概観できただけでなく、つくり方の手順もよく分かった」という声をいただきます。

そこで、この「戦略講座」から4時間の講義部分を書き起こし、書籍化したのが本書です。4時間の講義の情報量は約7万字にまとまりました。平均的な読書速度を400～600字／分と想定すれば120～180分で読み切れます。東京～新大阪間の新幹線の片道を目安としました。挿話などは文字フォントを変えています。要点に集中する時には読み飛ばしても大丈夫です。

初めて戦略に関わる読者にも親しみやすいよう論証は少なくし、第1章で定義、第2章でつくり方を説明しています。この2章を読めば、最短時間で戦略の概要を理解し、戦略を議論する準備が整うと思います。第3章では、注意すべき6つのポイントを示しています。具体的な立案作業に入る際には、一読をオススメします。

もととなった講義は、P&Gのマーケティング部門の若いマーケターたちに共有してきた内容をもとに、欧州や国内のメーカーで展開したコンテンツが原型です。コンサルタントとして独立後には、家電、製薬、広告、放送局、電力、教育、ウェブサービス、エンターテインメント/IP、化粧品、日用品、食品、アルコール飲料、非アルコール飲料、D2C、BtoBサービスなど、多様な領域で適用してきました。業界や企業規模、組織体制への依存が少なく、汎用性が高いので、広く使いやすいと思います。ビジネスだけでなく、戦略系のゲームなどへの応用もオススメです。

戦略はそもそも軍事活動から発展した考え方ですが、「目的達成のための資源利用の指針である」と捉えることで、さまざまな領域・レベルで威力を発揮します。戦略コンサルタントや、大手企業の経営者だけのものではなく、有限の資源で目的を達成しようとする多くの方々の役に立つべきものです。

中でも、一定規模の資源の運用を任され、成果を期待されているブランドマネジャーやプロジェクトマネジャー、それらを目指す若きプロフェッショナル、あるいは彼らをたばねる事業部の部門長などのリーダーには、必須のスキルです。

あいにく、学校や企業で戦略の本質や具体的な考え方が教授される機会は多くありません。本書が多くのプロフェッショナルや学生の皆さんにとって、戦略の入り口の役割を果たし、目的達成のお役に立つことができれば、これに勝る喜びはありません。

目次

CHAPTER 03

「戦略に関わる6つのポイント」についての60分

CHAPTER 04

おまけ

「成長と経験値」についての30分……243

CHAPTER 01

WHAT
IS
STRATEGY?

「戦略の捉え方」についての30分

みなさん、こんにちは。「戦略講座」にご参加いただきありがとうございます。本セッションは、国内外の多様な企業で採用され実践されてきた「戦略の概念」を修得し、「戦略立案のステップ」を体得できるよう開発されました。戦略の考え方を整理し、戦略立案に臨む準備の完了を目指します。

戦略は手に触れることができない「概念」です。概念を扱う時には、定義を明確にしておくと便利です。定義が明らかになれば、戦略の議論で意識すべきことが明らかになり、候補案の良し悪しを判断するのにも役立つでしょう。

戦略はカッコいい言葉のひとつなので、必要以上に多用されがちです。長期的な、重要な、優先順位の高い、意図的な、思索に富んだ、などの意味で使われることもあります。戦略的な計画、戦略的な事業活動、戦略的な新商品、戦略的な値下げ、戦略的思考に優れた人物、といった具合です。さらには、目的の言いかえで使われたり、新設の部署名の一部になっていたりすることも少なくありません。

経営戦略論の得意領域

戦略といえば、経営戦略論という学問領域があります。経営戦略論を勉強することで、戦略の要点を学べそうな印象を持ちます。かなり最近まで、私も経営戦略論は経営に関する戦略論であると思っていましたが、英語ではStrategic Managementであると教わりました。確かに、経営戦略学会の英語名はJapan Academy of Strategic Managementとあり、Management Strategyとはなっていません。

以前、私も経営戦略論のフレームワークをブランド戦略やマーケティング戦略、さらには事業部戦略や全社的な3カ年戦略の立案・提案に活用しようとしていました。SWOT分析や5フォース、PEST分析、成長マトリックス、BCGポートフォリオなどを使ったことがある方も多いと思います。

ところが、なかなかうまく機能しないことがありました。それは自分自身の、理解の浅さゆえの不具合だと思っていましたが、経営戦略論は「戦略的な経営」のためのものであり、日常的な「ビジネス戦略」には必ずしも適していないのかもしれません。日常の買い物に業務用のトラックは使わないように、日常的な戦略立案や判断には、もう少し小回りが利く概念が必要なのです。

競争戦略論の得意領域

経営戦略論の隣には、競争戦略論という領域も存在します。私もかつては、戦略とは「競争を有利に進める方法」だと考えていました。競合相手がいなければ戦略は不要だと思っていたのです。ところが、ある日、部下に「プラモデルをつくる時にも戦略が必要ではないですか」と聞かれました。

確かに、上手にプラモデルをつくるには戦略が役立ちます。通常、その達成を妨げる競合はいませんが、他の多くの活動でも、成功のためには戦略が必要です。例えば、喜ばれるプレゼントを贈ること、休日の楽しみ方、長距離ツーリングの成功、フルマラソンの完走、理想的なキャリアの構築、新商品の導入による市場創造などです。

こうした活動のように、失敗の可能性がある時に戦略が求められるようです。同時に、直接的な競争相手を前提としないこれらの活動は、競争戦略論の得意領域ではないかもしれません。

普段使いの戦略論

もし、経営戦略論や競争戦略論のフレームワークを効果的に活用し、ブランド戦略や新規事業開発、3カ年経営計画などで成果を上げているのであれば、そのまま続けてください。本書は、他の分野の戦略で役立つでしょう。

しかし、私と同様にこれらのフレームワークがプロジェクトにうまく馴染まず、使いづらさを感じているなら、この講座が解決になるかもしれません。日常の戦略立案や意思決定に役立つ、普段使いできる戦略論を一緒に探求していきましょう。

戦略の定義

戦略の主要な役割は、不確実な状況に直面した時に、成功の可能性を高めることだと考えられます。もともとは軍事領域の概念ですが、戦争や戦闘が最も不確実な状況の典型であると認識すれば、その適用範囲が広がることも納得できるでしょう。私たちは、多くの領域で不確実性と向き合っています。巨大産業の将来展望から趣味の活動、大規模な新商品の導入や市場創造、あるいは1カ月間の施策活動に至るまで、規模や影響の大小にかかわらず、不確実性に対処し、成功を目指しています。

戦略が明確であれば、成功の可能性が高まると期待しています。その期待が理解できたので、まずは戦略の定義について考えてみましょう。

Thought Starter Question

「戦略」という概念はそもそも曖昧で、単に「戦略とは何か」と問われても、明確な答えを出すのは難しいでしょう。そこで、"Thought Starter Question"（考えを始める質問）という思考の道具を使ってみましょう。

これは、質問の仕方を変えることで、同じ脳でも異なる答えを導き出せるという考え方に基づいています。例えば、「戦略とは何ですか」ではなく、「なぜ戦略が必要ですか」と問うことで、異なる視点から戦略を捉えることができます。この問いの中にも、戦略を定義する要素が含まれているはずです。

ここで、論理の道具を使ってみましょう。「PならばQ」という命題は中学の数学で習

図表1-1

「PならばQ」という命題

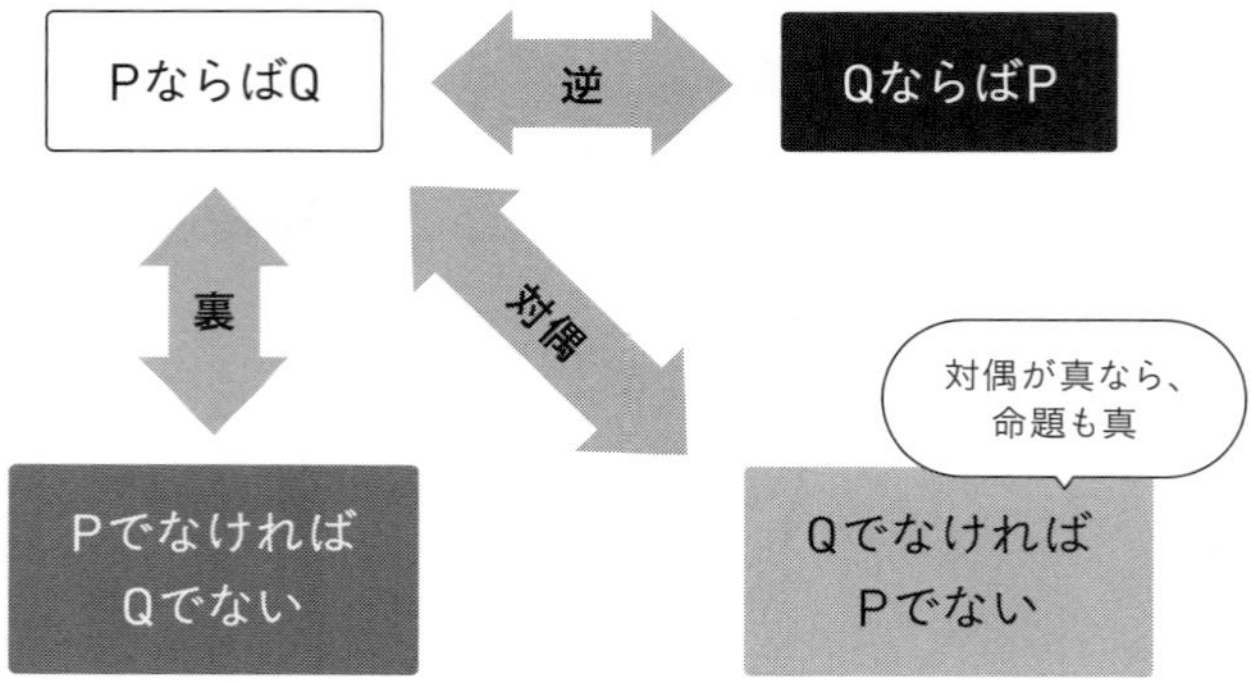

いましたね。これには逆、裏、対偶が存在します。「逆」は「QならばP」、「裏」は「PでなければQでない」、そして「対偶」は「QでなければPでない」です（図表1－1）。

記憶がよみがえってきたでしょうか。あの授業で「対偶が真ならば命題も真である」という話を聞いたかもしれません。よもや大人になってからそれを使うとは思いもしませんでしたが、ここで私たちの命題「〇〇ならば戦略が必要である」の対偶「戦略が必要でないならば〇〇でない」について考えてみましょう。この「〇〇」が明確になれば、戦略を定義する手がかりが見つかりそうです（図表1－2）。

図表1-2

戦略が必要でないならば……

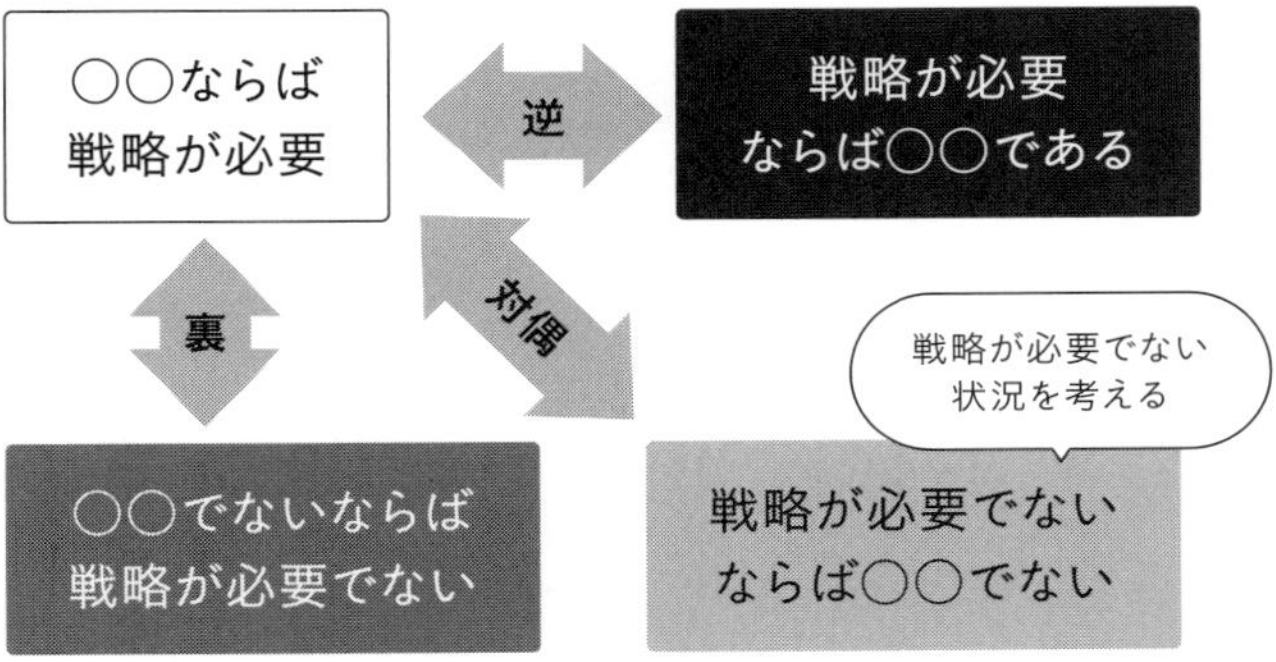

そこで、「戦略が必要ではない状況」を網羅的に探ってみた結果、2つの要素が浮かび上がってきました。

戦略の構成要素2点

まず挙げられるのは「目的」です。達成したい目的がなければ、戦略は不要です。この要素は戦略において最も重要ですが、意外にも見落とされがちです。私たちの多くは、そもそも明確な目的をもって生まれてきたわけではありません。日々の生活では、目的がなくてもあまり気にならず、目の前の活動に集中しています。「なぜ食べるのか」といった哲

図表1-3

なぜ戦略が必要ですか（Thought Starter Question）

達成すべき **目的** があり、
資源が **有限** だから。

学的な問いを考えなくても、食べること自体に集中できています。

もうひとつ、戦略が不要な状況は「目的達成のために使える資源に限度がない」場合です。もし資源が無限にあり、どれだけでも使えるのであれば、思いつくことをすべて試せば良いのです。わざわざ戦略を立てる必要はありません。

戦略を定義する

さて、戦略が必要ではない状況が理解できたところで、戦略を実践的に定義してみまし

図表1-4

「戦略」の定義

Strategy

A guideline that optimizes
the utilization of
Resources to achieve the Objectives.

目的達成のための
資源利用の指針

ょう。重要な要素は「目的」と「資源」です。この2つを組み合わせて考えると、戦略とは「目的達成のための資源利用の指針」と捉えることができそうです。「指針」という言葉を選んだのは、語呂が良く、より具体的で絞り込まれた意味を持つためです。「方針」と言い換えても、おおむね同じ意味合いです。

この戦略の考え方は、今から25年以上前にその原型がありました。「戦略が必要ないのは、目的と資源の限界がない場合だけなのか」という懸念に対峙するために、四半世紀にわたって仲間たちとともに、多様な業種や領域で時間をかけてテストを行い、ずっと例外を探してきました。しかし、今のところ普遍性を疑わせるような例外は見つかっていません。もちろん、例外が見つかっていないことと、例外が存在しないことは同じではありません。例えば、かつてハクチョウ(swan)は白い鳥だと認識されていましたが、1697年にオーストラリアでコクチョウ(黒鳥＝black swan)が発見された時には、世界中で大騒ぎだったそうです。それでも、ほとんどのハクチョウが白いことに変わりはなく、日常生活では「ハクチョウ(swan)＝白」という認識が大きな問題を生むことはありません。戦略の構成要素についても、将来、コクチョウのような事案が見つかるかもしれませんが、四半世紀にわたる検証でも見つからなかった程度のものであれば、日常的な戦略策定において重大な影響を与えるものではないでしょう。

私たちに必要なのは、完全無欠の定義ではなく、既存の経営戦略論や競争戦略論では対応しにくい、普段使いに適した戦略の考え方です。初めて勤めたＰ＆Ｇの日本オフィスをはじめ、複数の企業や組織で「目的達成のための資源利用の指針」という定義が広まりました。少なくとも日常的な運用においては、十分な普遍性が確認されています。

戦略を「目的と資源」の観点から捉えることの意義のひとつは、私たちの思考をこの2点に集中させられることです。戦略を立案し、評価し、採用し、実行し、さらには事後的に検証し、改良する際にも、この2点に集中できます。

たった2点だけで本当に大丈夫なのか？

戦略は「目的と資源」に集中すれば策定できる、と論理的に理解できました。しかし、実際に立案を始めると、さまざまな要素が気になってきます。競合の動向、社会環境や国際情勢の変化、取引先の意向、消費者のニーズやトレンドなどがその例です。また、戦略を論じる際には、先述の各種フレームワークが社内の提案テンプレートに組み込まれたり、発表の作法として期待されたりします。こうした要素や手法をどのように取り扱うべきか、考えてみましょう。

混ぜるな危険

ひとまず、「混ぜるな危険」です。では、これらのフレームワークを混ぜ、要素を増やすとなぜ危険なのでしょうか。

「項目が増えると組織で意思統一が難しくなる」といった意見もありますが、視点を封じて意思統一を図るのはいささか不健全です。項目を絞り、単純明快を志向する理由は、私たちの思考力が有限であるからです。

仮に、考える時間も含めた「思考力」を10単位持っているとしましょう。「目的と資源」の2項目に集中すれば、1項目あたり5単位の思考力を割くことができます。しかし、競合、社会変化、取引先、消費者、さらには3C、SWOT、5フォース、PESTなど全10項目を網羅的に考えようとすると、1項目あたり1単位の思考力しか割けず、5分の1に減ってしまいます。仮に、5分の1でも十分なほどの思考力があれば、いくらでも思考対象を追加できますが、なかなかそうはいきません。

網羅性の罠

1単位の思考力では気づけないことでも、5単位の思考力を投じれば見えてくることがあります。要素を増やすと網羅的で安心感が生まれますが、実際には安心「感」を得られるだけで、本当に安心できるわけではありません。網羅的にすることで、自分の思考力が分散し、結果として薄まってしまうのです。項目を10個に増やすのであれば、時間を10倍くださいという要望も、簡単には認められないでしょう。

だからといって、残りの項目を完全に無視するのもよろしくありません。

目的と資源に集中する

ここでも、有効な解決策は「目的と資源」に基づいて考えることです。つまり、それぞれの要素が「目的」と「資源」にどのような影響を与えるかを判断し、影響を与えそうな要素だけを取り上げれば良いのです。同時に、この2点に影響を与えない要素については、無視しても構いません。「目的と資源」に関係しないということは、たとえ世間的にどれほど大きな変化であっても、自分の戦略には影響しないということだからです。

逆に、世間的にはそれほど注目されていない変化であっても、自分の「目的」や「資源」に大きな影響を与えるものであれば、それはちゃんと取り上げる必要があります。

戦略を変えるタイミング

「目的と資源」に着目することで、戦略を変更するタイミングも見えてきます。例えば、社内で新しい組織が立ち上がったり、新しい上司が着任したり、新商品が開発された時、戦略を見直したくなるかもしれません。社外で競合や社会情勢に変化があった場合も同様です。しかし、それらの変化が「目的」と「資源」に影響を与えない限り、戦略を変更する必要はありません。戦略を変更すべきタイミングは、あくまで「目的と資源」に影響が及ぶ時なのです。

「目的と資源も戦略の要素」ではなく、「目的と資源こそが戦略を規定する」という考え方です。特に競合の動向については、過度に注視しがちな企業が多いので注意が必要です。「競合が方針を変えたから自分たちも戦略を変える」と、「競合の動きが自分たちの目的や資源に影響を与えたから戦略を変える」では、見た目はよく似ている行為でも、その本質はまったく異なります。競合の変化にただ追随するだけでは、競合対策のつもりが単なる模倣に終わってしまうことになりかねません。

場合によっては、競合同士が互いを強く意識しすぎることで、むしろ同化が進み、どちらかが差別化を試みてもすぐに模倣されてしまうことがあります。例えば、ロードサイドのスーツ量販店、コンビニエンスストア、家電製品、ペットボトル飲料や缶入りアルコール飲料、日用品や化粧品などの消費財においても、こうした傾向が見られるかもしれません。

まずは、自分たちの「目的」と「資源」に集中しましょう。他の要素は、その「目的と資源」に影響を与える場合にのみ意識します。こうして集中することで、無駄な思考の分散や、限られた資源の無用な劣化を防ぐことができます。

第1章のまとめ

1．経営戦略論や競争戦略論のフレームワークの課題

- 経営戦略論や競争戦略論のフレームワークは、組織全体や競争環境に焦点を当てるため、個別のプロジェクトや日常業務には馴染みにくい場合がある。

2．戦略の役割と定義

- 軍事領域に由来する概念だが、ビジネスや日常生活にも適用できる。
- 戦略は、不確実な状況で成功の可能性を高めるための指針である。
- 「目的」と「資源」を基本要素とし、これらに焦点を当てることで戦略を定義できる。すなわち、「戦略とは、目的達成のための資源利用の指針である」と定義できる。

3．戦略策定における思考の集中

- 複数のフレームワークや要素を混ぜると、思考力が分散してしまう。
- 必要な項目を「目的」と「資源」に絞ることで、思考の集中力を高め、効果的な戦略立案が可能となる。

4．「目的」と「資源」に基づく思考の重要性

- 戦略を変更する必要があるのは、社内外の変化が「目的」と「資源」に影響を与える場合に限る。
- 競合の動向に追随するだけではなく、自分たちの「目的」と「資源」に影響があるかを判断基準とする。

ACTION & LEARNING

- 自身の経験やビジネス誌の記事から、戦略が成功したと思われる事例をひとつ選び、その戦略がうまく機能した理由を800字で説明してみましょう。
- その事例についてチームで議論し、気づいた点や学びを共有しましょう。

(詳細は演習Iを参照してください)

演習I

戦略が機能した事例についてのディスカッション

実講義では、事前課題に対するそれぞれの見解を持ち寄り、ワークショップ形式でディスカッションを行います。参加者を5～6人のグループに分け、各自の意見を20～30分間で共有し、気づいた点を議論します。その後、各グループから議論のまとめや優れた事例を全体に報告し、全員で学びや気づきを共有しながら議論を深めます。

演習1の課題は、この章のACTION & LEARNINGと同じです。すなわち、「自身の経験やビジネス誌の記事から、戦略が成功したと思われる事例を選び、その戦略が機能した理由を800字で説明せよ」というものです。売り上げやシェアの拡大に成功した事例や、愛用しているブランドについて語られることが多いです。

戦略については、新商品や広告などの4P（Product, Price, Place, Promotion）がうまく機能したことや、消費者理解が深まりインサイトを効果的に活用できたこと、部門を超えた全社一丸となった取り組み、取引先などバリューチェーン全体での連携、失敗を乗り超えて粘り強く取り組み続けたことなどが理由として挙げられがちです。

いずれも重要なポイントですが、多くの場合、それは「活動例」であり、目的や資源に基づく戦略とはいえません。第4章の「おまけ」でも述べるように、これらは「働きかけ方」の一例であり、「仕組み」ではありません。個々の活動を超えて目的を見据え、現象ではなく仕組みを理解することができれば、戦略の捉え方の練習として非常に有意義です。

普遍的な仕組みを理解することで、他のプロジェクトへの応用も可能になります。

CHAPTER

02

WHAT IS STRATEGY?

「戦略のつくり方」についての120分

これまでに、戦略は「目的達成のための資源利用の指針」であることを理解していただけたかと思います。普段何となく使っていた「戦略」という言葉に、少し具体的なイメージを持たれたのではないでしょうか。戦略は実体のない抽象的な概念ですが、ある程度普遍的で分かりやすく定義されることで、経験の多寡にかかわらず運用しやすくなります。

この章では、戦略を具体的に立案し、組織に展開するためのプロセスについてお話しします。戦略の策定にはさまざまな主張やアプローチが存在し、企業や組織によっては推奨される手法が異なる場合もあります。さまざまな組織や業界で効果的な戦略立案の方法を模索し、試行錯誤を重ねてきましたが、ここで紹介する6つのステップは、そうした取り組みの成果のひとつです。

1. 目的を明示する
2. 目的を再解釈する
3. 資源を探索する

図表2-1

戦略策定のプロセス

❶目的を明示する
❷目的を再解釈する
❸資源を探索する
❹資源優勢を確立する
❺文章に書く
❻組織に展開する

4．資源優勢を確立する
5．文章に書く
6．組織に展開する

以上の6ステップです。最初の2ステップでは、目的を明確にする作業を行います。続いて、そうした目的を手掛かりに資源を把握し、戦略を具体的に策定した後、組織に伝えやすい形で文章化し、最終的に組織全体に展開します。

では、それぞれのステップについて、順を追って議論していきましょう。

ステップ1／目的を明示する

課題を見つけるには、目的を明確にする

「社長から『わが社の課題を見つけるように』と言われました。何かヒントをください」
「売り上げが足りないので、課題は売り上げの問題かと思うのですが、これで正しいですか？」

こうした相談を受けることがあります。課題を見つけようとする時に、同業他社と比較して「ここが強みで、あそこが弱みだ」といった分析や、「昨年に比べて、この分野は成長しているが、あの分野は落ちている」といった評価をすることがあります。しかし、こ

れらの分析では、本質的な課題は見えてきません。分かるのは、競合や過去との違いだけです。

本質的な課題とは、競合や過去との違いではなく、「達成したい状況」と「現状」とのギャップです。達成したいことが曖昧なまま課題はどこかと探しても、見つかるものではありません。もし課題が見えてこない時は、課題を探すのではなく、まず「達成したい状況」、すなわち「目的」を明確にしましょう。目的が明確になれば、現状とのギャップが見えてきて、課題も自ずと明らかになります。

目的を記述する際の2つの注意点

目的を設定する際に、「ビジネスを成長させる」「利益を最大化する」「新商品を早急に市場導入する」などと設定することがあります。これらの表現は意欲的ではありますが、十分とはいえません。「これでは曖昧だ」「数値化されていないので不十分だ」と指摘されることがあります。では、なぜ曖昧で数値化されていないと問題なのでしょうか。この理由を理解しないまま「数値化」に邁進してしまうこともあります。

これらの記述に問題があるとするなら、それは、関与者によって理解が異なり、全員が共通の認識を持てないことです。また、目的が曖昧なままでは、その達成度合いを判断することも困難です。

目的を記述する時には、次の2点に注意しましょう。まず、①達成したい状況や成功の状態を正確に記述します。これが実現された時、自分たちが十分に満足できるかどうかを確認します。次に、②その成功が関係者全員に共通の理解として伝わるよう工夫します。新人から社長に至るまで、経歴や背景に関係なく、すべての関係者が同じ理解を持てることが重要です。

同じ理解ができることは、実はあらゆるビジネス文書にも共通して求められることです。人によって理解が異なるような文章を、私たちは「ポエム」と呼んでいます。戦略のつもりで詩歌俳諧の類を書かないように気をつけたいものです（今週受け取ったメールの一部は、ポエムだったかもしれません。たまには詩くらい読んだらどうだという示唆かもしれませんが、気をつけたいものです）。

目的を明確に記述する道具：SMAC

ポエム化を避けるためにSMAC（スマック）という便利なツールがあります。これは次の4つの要素から成り立つ略語です。

Specific：具体的
Measurable：測定可能
Achievable：論理的に実現可能
Consistent：一貫性がある

アメリカの企業では「SMAC」がよく使われ、ヨーロッパの企業ではほとんど同じ意味で「SMART」という言葉が使われることが多い印象です。「SMART」の要素は以下の通りです。

Specific：具体的
Measurable：測定可能
Achievable：達成可能
Relevant：関連性がある
Time-bound：時間制限がある

「Specific」「Measurable」「Achievable」の3つは共通しています。Consistentの「一貫性」とRelevantの「関連性」は、意味合いがよく似ています。「SMAC」には「T（時間制限）」が含まれていませんが、これは時間を目的に含めるのではなく、資源の一部として捉えるためです。

どちらのフレームワークを使っても効果的ですが、時間を資源と見なすことで、状況に応じて柔軟に調整が可能になります。私は、時間を資源側に含めることで柔軟性が高まると考えています。こうしたSMACの要件を考えると、数値化は非常に便利です。先ほど述べた「数値化されていないと曖昧だ」という指摘ともつながります。

Achievable（実現可能性）をどのように捉えるか

「具体的（Specific）」で「測定可能（Measurable）」までは理解しやすいですが、「論理的に実現可能（Achievable）」であるというのは、どのように捉えれば良いのでしょう。若いころは、事前にどうやって実現可能か判断できるのか不思議に思っていましたが、「説明可能性」として捉えると理解しやすいかもしれません。通常のビジネスオペレーションでは、帰納法や演繹法を使って説明できれば十分だと考えられます。

帰納法とは、「月が球体で、地球も球体だから、きっと太陽も球体だろう」という推論です。一方、演繹法は、「天体を構成する物質に働く万有引力は、中心から全方向に同じ力を及ぼすので、きっと太陽も中心からの距離が均一な球体だろう」という推論です。

これをビジネスに適用するなら、以下のような例が挙げられます。

帰納法：「昨年の売り上げが1.0億円、一昨年が0.9億円、その前が1.1億円だったので、来年の売り上げも1億円くらいだろう」という推論

演繹法：「現在、ユーザー数が1万人で、1人当たり平均1万円を使ってくれるので、来年の売り上げは1億円になるだろう」という推論

いずれの場合も、達成可能性を論理的に説明できれば、目的を安心して設定することができます。

Consistent（一貫性）の意味：戦略のカスケード

最後の「Consistent（一貫性）」については、次の図表2－2を用いて説明します。

はじめに、HQ（ヘッドクォーター＝本社）が掲げる目的に対して、それを実現するための本社の戦略が策定されます。その戦略の一部は、下部組織である国や地域の目的となり、さらにその国や地域の目的を達成するための戦略が策定されます。その戦略の一部が、さらに下部組織である事業本部の目的となり、事業本部の戦略の一部が各商品ブランドの目的となります。いずれ、最終的に個人の目的にまで戦略が伝わることで、すべての階層で目的と戦略に一貫性が確立されます。

こうして個人の仕事が会社全体の目的とつながれば、やるべきことの意義が明確になります。「自分は何のためにこの仕事をしているのか分からない」「会社の方針と自分の仕事が無関係に思える」といったフラストレーションは解消されるでしょう。

組織によっては、国や地域の下に事業本部がある場合もあれば、逆に事業本部が国や地

図表2-2

戦略的一貫性

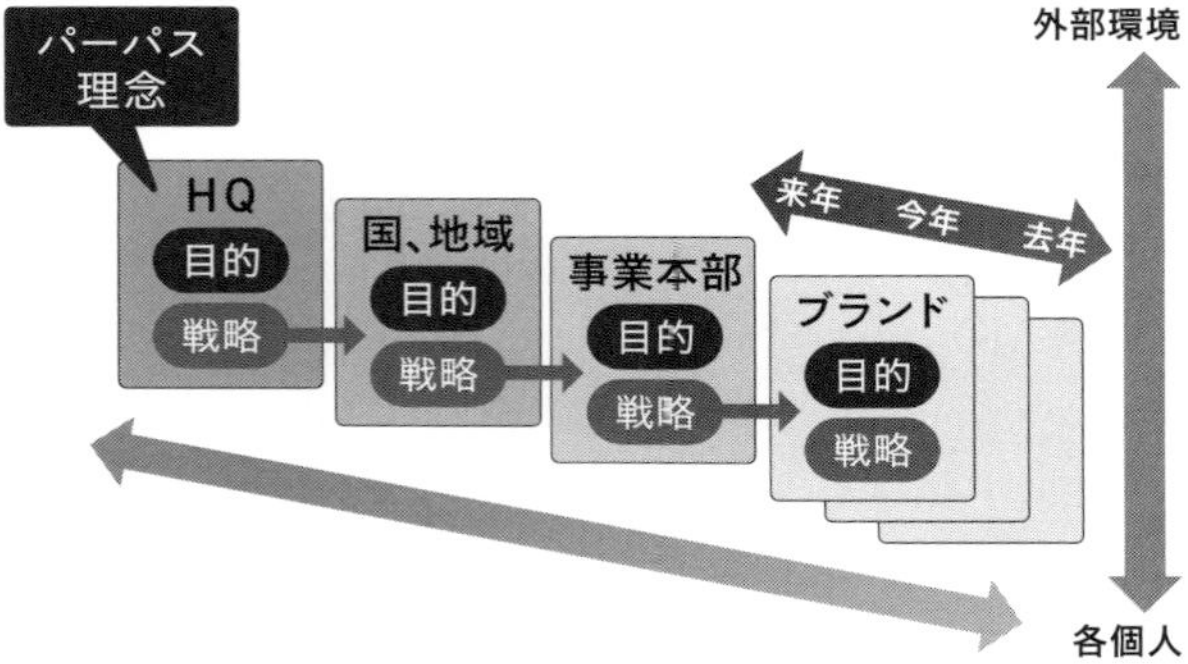

域の上位に位置することもあります。いずれの場合でも、このような階層構造を「カスケード（滝）」と呼びます。これは、階段状に連なる滝の水が高位から低位へと流れる様子からきています。

カスケード以外の一貫性

カスケードは、社内の各レベルで共時的（同じ時間軸での）一貫性を示しています。さらに、時間の流れを考慮し、経時的な一貫性も重要です。つまり、来年は今年の翌年であり、昨年の翌々年ですから、社内事情が時間を超えて一貫していることが説明できると安心です。

加えて、外部環境との一貫性も確保しておくことが重要です。
まとめると、以下の3つの一貫性が大切です。

社内の共時的な一貫性
社内の経時的な一貫性
外部環境との適時な一貫性

これらすべてを満たすことが必須というわけではありませんが、カスケードに示される社内の共時的な一貫性を優先的に担保できれば、組織はより安定しやすくなります。
ちなみに、本社の目的のさらに上位には、大義や理念、すなわちパーパスやビジョン、ミッションなどが設定されることもあります。

ＳＭＡＣを使わない例外

これまでＳＭＡＣについて話してきましたが、ひとつ例外の事例を紹介しておきます。ある事業部の年頭ミーティングで、事業部長が次のような方針、いわば戦略を発表したことがありました。

「お客様のことを第一に考え、全員が一丸となって本事業部の使命を果たしていくことが、私たちに求められている仕事です。そのためには、一人ひとりの心がけと行動が大切です。各自が自覚と誠意を持ってお客様に寄り添い、課題に向き合いながら全力で取り組んでいきましょう」

これは、ＳＭＡＣの要素をまったく満たしておらず、ほぼ「ポエム」といえる内容です。しかし、そこに集まった大多数のメンバーは、やる気に満ちた引き締まった表情を見せていました。これはおそらく、事業部長の人間的な魅力や徳が、論理を超えて組織全体に影響を与えた瞬間だったのかもしれません。

組織のメンバーがリーダーを心から信頼し、どこまでもついていこうと決意している場合、ポエムでも十分に効果を発揮します。むしろ、ポエムには感情を高揚させる効果があるのかもしれません。ただし、この方法は卓越した人格を持つリーダー専用であり、文書よりも直接の発話でこそ力を発揮します。よほど自分の人格と演説に自信がない限り、目的の記述にはＳＭＡＣを適用することが得策だと思います。

サンプリングの目的は？

転職のたびに、さまざまなマーケティング活動について、その目的を尋ねてきました。どうやら人は、目的を聞かれるのはあまり好まないようで、聞き方を誤るとすぐに嫌われるので、注意が必要です。

国内の大手化粧品会社でＣＭＯ（最高マーケティング責任者）を務めていた時、あるブランドから「今度の秋にサンプリングを実施したい」との提案を受けました。いつものように「どうしてサンプリングをするのですか」と目的を尋ねると、「１人でも多くのお客様に出会うためです」という明快な答えが返ってきました。

一見、理に適った回答に見えるので、気づく人は少ないのですが、これは非常に陥りやすい落とし穴です。


先ほどＳＭＡＣについて説明したので、「１人でも多くとは具体的に何人か」「お客様とは誰か」「出会うとは、使用してもらうことか、購入してもらうことか、それとも愛用してもらうことか」といった質問が浮かびます。ＳＭＡＣに沿って、「３カ月で１万人にサンプルを１個ずつ配布する」といった表現にすることも考えられるでしょう。

配布方法を計画し、実際に目標数を配り終えれば、成功と見なされるかもしれません。

「サンプルを1万個配るために1.2万個を用意し、追加費用なしで1.2万個すべてを配り切りました。不良在庫もゼロで、うまくいきました」という報告を受けることも考えられます。活動をやりきったことは称賛に値しますし、追加費用をかけずに目標を達成できたことも立派です。ただ、これではマーケティング上の目的が達成されたかどうかは分かりません。

問題は、「1人でも多くのお客様に出会う」という記述がSMACに沿っていない点ではありません。それは単なるサンプリングという手段の「活動の記述」にすぎず、目的ではないという点が本質的な問題です。

このサンプリング活動で何を目指しているのか、具体的に考える必要があります。新規ユーザーの試用（トライアル）を促したいのか、既存ユーザーの再購入（リピート）を狙っているのか、それとも消費量の増加を図りたいのか。これらが目的です。配布の個数や人数はサンプリングという活動を評価する指標としては重要ですが、目的ではありません。どの程度のトライアルやリピートを確立したいのかを、SMACを使って具体的に記述しましょう。配布方法やタイミングの計画も大きく変わってくるはずです。

熱中に注意

本講座にご参加の皆さんは、広くまとめれば「課題解決」や「問題解決」を仕事にされている方々だと思います。職種は営業、マーケティング、経営企画などさまざまだと思われますが、いずれも会社や組織、あるいは顧客や消費者の問題を解決する役割を担っていることでしょう。

だからこそ、目の前に問題が提示されると、つい脊髄反射的に腕まくりをして、すぐに走り始めてしまうことがあります。仕事に情熱を注ぐことは素晴らしいことですが、目的が曖昧なままサンプリングなどの活動に取り組むと、配布するという活動そのものに熱中してしまいがちです。

私たちに期待されているのは、必ずしも猪突猛進ではありません。「熱中に注意」という言葉は、警句として役に立ちます。随時、目的を振り返り、「自分たちは今、熱中しちやっていないか」と確認しましょう。優秀な人ほど、つい熱中しがちです。

目的明確化の方法①：ある場合、ない場合

プロジェクトを担当していると、最初から目的が明確に示されていることもありますが、そうでないことも少なくありません。本来は、目的が設定され、その達成のために活動を設計すべきです。しかし、現実には、活動だけが組織の上層から指示されることも多々あります。

私自身の経験を振り返っても、活動だけが指示されるケースが多かったように思います。そこで、こうした現実に対応するために、活動から目的を導き出す方法を紹介します。それは、「この活動がある場合とない場合、何がどう変わるだろうか」と考える方法です。

例えば、「サンプリングがある場合とない場合で、世の中にどのような差が生まれるか」を考えてみましょう。この差の最大化が、サンプリング活動が達成すべき目的です。サンプリングを行った場合、初めて購入する人数が増えるかもしれませんし、リピート率が改善するかもしれません。どちらを目指すかによって、サンプリングの方法も変わります。単に3カ月で1万人に配れば良いというわけではなく、誰に、どのように配布するのが効果的か、工夫が必要です。

これはサンプリングに限った話ではありません。「このブランドがある場合とない場合」を考えれば、そのブランドのパーパス（大義や存在理由）が見えてきます。同様に、「このプロジェクトがある場合とない場合」や「このメールを書く場合と書かない場合」「このミーティングがある場合とない場合」で世の中にどのような変化が期待できるかを考えてみましょう。もしも変化が期待できないなら、そのメールを送る必要はありませんし、そのミーティングも不要かもしれません。

目的明確化の方法②：現状から目的を見通す――3Cを使う

人間を表す言葉には、ホモ・サピエンス（賢い人）だけでなく、ホモ・ルーデンス（遊ぶ人）、ホモ・モビリタス（移動する人）、ホモ・ソシアビリス（社交する人）、ホモ・ロクエンス（話す人）など、さまざまな表現があります。そのひとつに「ホモ・ファーベル（つくる人）」というものがあります。

手を動かすことで考えが進むのは、「ホモ・ファーベル」の特徴かもしれません。具体的なターゲット消費者を絞り込んだり、商品や企業が消費者に提供するベネフィット（便益や提供価値）を考えたりすることは、実際に手を動かしてつくる行為ではありませんが、「目的」といった抽象的な概念よりも、手触りを感じやすいものです。こうした具体的な事象について議論することで、目的を明確にする効果が期待できます。

ブランドの定義を使う

例えば、自社ブランドを明確に定義することは非常に有効です。ブランドを定義する際に最も重要なのは、①対象となるターゲット消費者と、②提供するベネフィットの2つです。ブランドマネジメントに関わっていると、「Who（誰に）」「What（何を）」「How（どのように）」といった表現を耳にすることがあるかもしれません。ここで、Whoはターゲット消費者、Whatはベネフィット、Howは具体的な実行手段を指します。特に、WhoとWhatはブランドを定義する際の核心となる要素です。

ターゲットが明確になり、提供するベネフィットがはっきりすると、結果として③競合も明確になります。社内外の関係者と議論を重ね、これらの要素を明確にしていきましょう。具体的な事象を議論することで、自社の存在理由であるパーパスや、ブランドが達成すべき目的が浮かび上がってくることもあります。

3C分析との類似

自社や自社ブランドのターゲットやベネフィットを具体的に考えることは、経営戦略のフレームワークである「3C（Competitor /Customer /Company）分析」とよく似ています。3Cを競合(Competitor)、顧客や消費者(Customer)、そして自社が提供すべきベネフィット(Company)と捉えることで、先ほど述べたブランド定義の構成要素と一致します。

ここで注意すべき点は、競合が必ずしも同一製品カテゴリー内に限らないということです。例えば、マーケティングでよく取り上げられる例として、万年筆の競合を考えてみましょう。万年筆の競合は、他の万年筆ブランドだけではありません。筆記という機能ではボールペンや鉛筆、文字の記録手段としてはワープロソフトやメモアプリ、そして文字を通じたコミュニケーション手段としては、音声通話やメッセージアプリなども競合に含まれます。

実際の市場を見てみると、万年筆はギフトとして購入されることが多いそうです。そのため、他の万年筆ブランドとの競合に加え、勉強や仕事に関連するギフトアイテムとも競合していることになります。ターゲットやベネフィットを基に考えることで、競合の見え方が変わる良い例です。

目的明確化の方法③：いっそ、指示した人に確認してみる

目的が曖昧なまま、活動だけが指示される場合、特に注意すべきなのは「いや、目的なんてどうでもいいから。○○さんがやれと言っているんだからやるんだ」という状況です。ここでの○○さんには、社長や上司、取引先などの名前が入ります。

プロフェッショナルとして、期待を超える成果を出すことを矜持とする時、目的が不明なまま「言われたことだけをやっている」のでは、期待を超える成果を出すのは難しそうです。前述の「ある場合、ない場合」の方法で推察することもできますが、いっそ直接確

認するのもひとつの方法です。

「この活動の目的は何ですか？」と聞くのも一手ですが、暗にやりたくないと伝えているように聞こえると残念です。そこで、「プロフェッショナルとして期待を超えたいので、期待されている内容をしっかり理解しておきたいです」といった言い方をすると、印象は良くなるかもしれません。もう少し工夫して、「この活動で実現したいのは○○だと理解していますが、合っていますか？」と提案する形で尋ねるのも効果的です。これにより、積極的な姿勢や高い意欲を感じさせ、さらに印象を良くすることができます。もし、こちらの理解がずれていても、相手はきっと修正してくれるでしょう。

目的を明示することの副産物

目的を明確にして組織内で共有が進むと、組織全体が論理的になることがあります。さらに、目的を消費者視点で記述することで、自然と消費者中心の考え方に変化していきます。それまで精神論や根性論を主張していた人たちが、急に客観的な消費者情報や論理的な根拠に基づく議論を好むようになる場面を、私は何度も目にしてきました。

これが一般的な傾向なのか、一部の企業や組織にしか適用されないのかは定かではありませんが、人間は目的が明確になると、その目的にそぐわない行動を嫌う傾向があるようです。もし、根拠に基づいた合理的な意思決定や、消費者中心の企業文化を育てたいと考えているのであれば、「それぞれの活動の目的を明確にする」のは非常に有効です。

「割れ窓理論」という考え方があります。これは、破損した窓が修理されないまま放置されると、地域の無秩序と退廃が進むことから、窓を修理することで治安が維持されるという考え方です。目的を明確にすることで、組織全体が合理的な意思決定を志向し始めるというのは、少し似た感じがあります。ぜひ試してみてください。

SWOTについての注意点

組織によっては、戦略の起点としてSWOT分析を行う習慣があるかもしれません。SWOT分析とは、Strength（強み）、Weakness（弱み）、Opportunity（機会）、Threat（脅威）を洗い出し、戦略を立案する前に分析する手法です。自社を客観的に評価しようとする姿勢は素晴らしいことです。しかし、戦略がまだない段階で、なぜ特定の要素を強みや弱みと判断できるのでしょうか。何が機会で、何が脅威であるかを判断する基準はどこにあるのでしょう。

例えば、マーケティング予算として10億円があるとしましょう。これだけ聞けば強みに思えますが、もし競合が100億円の予算を持っているなら、それは大した強みではありません。また、敏腕の営業部隊が1000人いるとしても、その人件費は10億円よりもはるかに高額かもしれません。

特定の要素を強みや弱みと評価するためには、判断基準が必要です。戦略はこうした判断の基準として機能しますが、SWOT分析の段階ではまだ戦略が明示されていません。SWOT分析から戦略立案に至るプロセスは、暗黙の戦略を前提としてSWOTを設定し、それを表出させる作業をしているにすぎないかもしれません。

第2章 ステップーのまとめ

1. 目的を明示する重要性

- 課題が明確にならない理由は、目的が曖昧なままであるから。目的が不明確な状態では、適切な課題も見えてこない。
- 目的をチームみんなで共有し、同じ理解を促すためにSMACを使う。すなわち、Specific（具体的）、Measurable（測定可能）、Achievable（論理的に実現可能）、Consistent（一貫性）、の4つの要素を意識する。通常、数値化することで、SMACを満たせる。
- 「熱中に注意！」。優秀であるほど、課題や問題を聞くとすぐに解決しようとしがち。まずは目的を明確にすること。

2．目的明確化の方法①：ある場合、ない場合

- 「この活動がある場合とない場合で、世の中にどのような変化が生じるか」を考えることで、目的を明確にする。

3．目的明確化の方法②：ターゲット消費者やベネフィットの明示／3C分析の活用

- ターゲットや提供すべきベネフィットを明確にする。3C（Competitor/Customer/Company）分析も有効。
- 競合は必ずしも同一製品カテゴリーに限らず、広い視点で捉えることが重要。

4．目的明確化の方法③：指示した人に確認する

- 指示者に直接確認することもひとつの方法。
- 「プロフェッショナルとして期待を超えたいので、目的を理解しておきたい」と伝え

たり、目的を推察して提案するのも有効。

5．目的を明示することの副産物

○「割れ窓理論」のように、目的を消費者に基づいて明示することで、組織全体が消費者中心で、合理的な意思決定を志向するようになることがある。

6．SWOT分析の注意点

○強みや弱み、機会や脅威を判断するSWOT分析は、暗黙の戦略を前提として行われ、戦略を表出させる作業に過ぎない場合がある。

ACTION & LEARNING

- 現在担当しているプロジェクトや事業について、今後1年から3年で達成すべき目的をSMACで記述してみましょう。

ステップ2／目的を再解釈する

目的の再解釈

ステップ1で目的をSMACに基づいて明確にしたら、続くステップ2は「目的の再解釈」です。ここで、勝利の筋道や成功に至るルートを探ります。戦略立案の中でも特にクリエイティブで、ステップ3の「資源の探索」と並び、最も大きく成否を分ける段階といっても過言ではありません。

目的の再解釈を促す質問

具体的には、「このプロジェクトは、期間内に目的が達成されました。どのように達成されたでしょうか?」という問いに答えることで、再解釈を進めていきます。

・「シェアが1位になったということは、どのような市場状況が生まれたのか?」
・「売り上げ目標を達成したということは、どのようなユーザーの支持を得て、どのような商品構成だったのか?」
・「私たちがその山に登頂できたということは、どのルートを通ったのか?」
・「志望校に合格したということは、どの科目で何点くらい取ったのか?」
・「30年後に、弊社が繁栄を続けていたということは、どのようなビジネスを中核としているのか?」

このように、目的を達成した未来の様子を詳細に想像します。「うまくいくとしたら」ではなく、「うまくいきました。何が起きたのでしょうか?」と、未来をすでに実現した確かな事実として過去形で質問します。文法的には違和感があるかもしれませんが、このアプローチが思考力を引き出すための有効な手段のようです。ぜひ試してみてください。

アスリートたちのイメージ

勝利を収めたアスリートが「試合前に勝利のイメージが見えた」とコメントする場面を見聞きしたことがあるかもしれません。彼らは、自分が勝利する様子を具体的に、生々しく想像できていたのでしょう。例えば、チームメイトがどのようにゴールを決めたのか、どの技で一本を取ったのか、どの演技が高得点につながったのか、といった具合です。

種目ごとにその「イメージ」は異なるかもしれませんが、勝利する様子が鮮明に見えているというのは、まさに「目的の再解釈」といって過言ではありません。このように、勝利のイメージが明確であれば、そのイメージに基づいて試合の展開を組み立てることができそうです。

目的の再解釈で、単位が変化する

通常、目的を再解釈すると、描写する「単位」が変わります。アスリートの「イメージ」では、試合で1「勝」することが、チームの得点「数」や「技の種類」、試合「時間」といった単位に変換されました。ビジネスにおいても、例えば10億「円」の売り上げ目標が、10万「人」の新規ユーザーや、100万「回」の使用回数増加といった単位に変換されることがあります。また、キログラム、リットル、時間などの単位に転換される場合もあります。目的の再解釈のひとつの検証項目として覚えておいてください。

20億円売り上げ拡大の再解釈例

具体例として、「今期の売り上げを前期に対して20億円増加する」という目的を再解釈してみましょう。20億円からスタートすると、すでに成功の可能性が低そうです。不吉に聞こえるかもしれませんが、成功するプロジェクトはごく一部です。そこで、失敗しても期待を裏切らないよう、ある程度のバッファ（余裕）を持たせておきましょう。

例えば、最初から29億円を目指すことで、仮に3割失敗しても、20億円の期待に応えられます。つまり、20億円≒29億円の7割とするのが、第一段階の再解釈です。この時点で、すでに失敗のリスクを減らすことができます。

ここでは、継続的に使用される消費財を例に考えてみましょう。平均的な購入単価と購入回数が分かれば、必要な新規ユーザー数を計算できます。仮に単価が1000円、購入回数が年4回であれば、29億円÷（1000円×年4回）≒73万人の新規顧客が必要です。

つまり、「20億円の売り上げ拡大」は、再解釈によって「73万人の新規ユーザー獲得」へと変換されました。「円」という単位が「人」という単位に変わっています。20億円の売り上げを拡大せよと言われるよりも、73万人の新規顧客を獲得せよと言われたほうが、マーケティング活動を具体的に想像しやすいでしょう。

また、新規獲得以外にも方法があります。すなわち、既存ユーザーにもっと利用してもらうという再解釈です。既存ユーザー向けの活動は、確度が高く、リスクも低いでしょう。そこでバッファを少し下げて、1割（22億円）に設定し、同じ計算を行います。仮に既存ユーザーが220万人いるならば、22億円÷（1000円×220万人）≒1回、つまり年に1回、既存ユーザーがいままでよりも多く使用すれば、目的達成です。

この場合、「20億円の売り上げ拡大」というのは、「既存顧客が1回多く使ってくれること」と再解釈できます。

目的の再解釈案は、戦略の候補案

この例では、「73万人の新規顧客獲得」と「既存顧客が1回多く消費」という2つの再解釈が生まれました。ご想像の通り、この2つの候補案を両極として、間にも多くの再解釈案が存在します。そして、こうした再解釈案のひとつひとつが、戦略の候補案です。網羅的に多くの候補案を持ちたくなるかもしれませんが、あまり多くの案を用意しても労力がかかりすぎて非現実的です。一方で、1~2本では心許ないでしょう。経験的には、3~5本程度が現実的な範囲だと考えます。

これらの候補案の中から最終的に1本の戦略を選択する方法については、4つ目のステップで説明します。目的の再解釈が戦略立案において最も重要かつクリエイティブだと述べたのは、この段階で戦略の候補が案出されるからです。

OAT：目的明確化表

こうした再解釈案を考える手助けとして、「OAT：Objective Articulation Table（目的明確

図表2-3

OAT（Objective Articulation Table）

目的明確化の一覧（要素）

<table>
<tr><th>大目的</th><th>目的</th><th>解釈❶</th><th>解釈❷「要素」に着目</th><th>活動例</th></tr>
<tr><td rowspan="10">収益性の改善</td><td rowspan="6">数量増加（≒売り上げ増加）</td><td rowspan="3">購入者数の増加</td><td>カテゴリー
新規者の増加</td><td>ニーズ認知、カテゴリー試用の提案、きっかけ提供</td></tr>
<tr><td>ブランド新規者・
再試用者の増加</td><td>ベネフィット認知、選択理由の提案、試用きっかけ提供</td></tr>
<tr><td>再購入者の増加
（脱落の抑止）</td><td>満足強化、再購入きっかけ提供、ルーチン化</td></tr>
<tr><td rowspan="3">購入者あたりの購入量の増加</td><td>購入者あたりの
使用者数の増加</td><td>家庭内試用などの促進</td></tr>
<tr><td>使用頻度の増加</td><td>新しい使用機会／時間／場所などの提案、ライン拡張</td></tr>
<tr><td>1回あたり
使用量の増加</td><td>正しい使用量の啓蒙・促進、大容量、家庭内在庫量、同時使用のライン拡張</td></tr>
<tr><td rowspan="4">利益率改善</td><td rowspan="2">価格の上昇</td><td>販売単価の値上げ
（e.g.1箱あたり）</td><td>改良・新商品、新機能、増量、課金方法変更（e.g.サブスク）、販路変更（e.g.D2C）</td></tr>
<tr><td>単位単価の値上げ
（e.g.1mℓあたり）</td><td>mℓ単価、期間単価、回数単価、満足単価などの増加</td></tr>
<tr><td rowspan="2">費用の削減</td><td>変動費の削減</td><td>新処方、材料変更、製造法変更、店頭販促</td></tr>
<tr><td>固定費の削減</td><td>チャネル、コミュニケーション、工場、研究開発・人件費</td></tr>
</table>

化表）」というツールを用意しました。（図表2－3）私たちが営利組織に所属している前提では、最終的に組織は収益性の改善を目指すことになります。表の一番左端に「大目的」として記しています。非営利団体の場合は、そもそもの組織のパーパスや存在理由からスタートすることになるでしょう。

収益性の改善には、大きく2つのアプローチがあります。ひとつは「数量を増やす」ことで売り上げを増加させる方法、もうひとつは「利益率を改善する」ことで利益を拡大する方法です。これを表の左から2列目に「目的」として示しています。

次に、「解釈①」の段階に進みます。「数量を増加」するには、購入者の数を増やすか、購入者あたりの購入量を増やす必要があります。ここで、売上額から人数などへ単位が変わります。また、「利益率を改善」するためには、価格を上げるか、費用を削減する必要があります。この場合、単位が率から金額に変換されます。このようにMECE（Mutually Exclusive, Collectively Exhaustive＝漏れなくダブりなく）の原則に基づいて問題を分解していくと、複雑な問題も整理しやすくなります。

解釈②の段階に進むと、見方によってバリエーションが生まれることがあります。ここでは、目的を構成する「要素」に注目する方法と、「段階」に着目する方法があります。

まず、「要素」に注目する場合、「購入者数の増加」は次の3つに分解できます。

・カテゴリーの新規参入者の増加
・競合ブランドからのスイッチ
・既存ユーザーの脱落の減少

これら3つを考えれば、ほとんどの可能性に対応できるでしょう。

一方で、「段階」に着目する場合は、ブランドの試用から愛着、継続使用に至るまでの「ブランドへの興味」「購入意向」などの段階を列挙する方法もあります。自社の主要な思考傾向や分析方法に応じて、使いやすい方法を採用してください。

もし、「購入者数の増加」ではなく「購入者あたりの購入量の増加」を期待するのであれば、次のような解釈が可能です。

・購入者あたりの使用者数を増やす（例：家族全員で使う）
・使用頻度を増やす（例：朝だけでなく夜も使う）
・1回あたりの使用量を増やす（例：計量器具を用意して適正な使用量を測りやすくする）

「利益率の改善」を企図して、「価格の上昇」を目指す場合にも、2つの方法があります。

・販売単価の上昇（例：1箱あたり、1本あたりの価格を上げる）
・単位単価の上昇（例：グラム単価やミリリットル単価を上げる）

このように、達成すべき目的の再解釈を進めることで、それぞれの角度から目的達成のための具体的な戦略案が見えてきます。

「費用を下げる」時、特にブランドマネジメントのように商品ごとに利益を管理している場合には、変動費と固定費を把握しておくと便利です。今回はこのテーマを深く議論しませんが、特に重要になるのは「値段を下げて売り上げを伸ばす」というアプローチの是非を判断する際です。

固定費というのは、商品を10万個売ろうが15万個売ろうが、あまり変わらない費用です。工場や生産設備、製品開発費、店舗の土地代、人件費などがこれに該当します。価格を少し下げることで販売数量を増やすことができれば、固定費の負担が相対的に下がり、有効な施策となることがあります。

一方で、変動費が大きな割合を占めている場合には、販売数量を増やしても大きな効率改善は期待できません。なぜなら、売り上げが増えると同時に費用も増えるからです。例えば、製造原価のほとんどが原材料費で占められるビジネスがこれに当たります。この場合、価格を下げて販売数量を増やしても、利益的にはあまり効果がありません。

特に注意すべきは、競合ブランドが値下げをしてきた時です。焦って同じように値下げをすると、自社の費用構造によっては大きなダメージを受けることがあります。競合と同様の戦略を取る前に、自社の費用構造をよく確認することが重要です。

財務の領域があまり得意でない場合でも、自分が担当するブランドの変動費と固定費の比率を把握しておけば、こうした判断の際に役に立つでしょう。また、OATの右端には、各活動の例も記載してありますので、参考にしてみてください。

第2章 ステップ2のまとめ

1．目的の再解釈

- 目的を達成した未来の状況を詳細に描写し、戦略の候補案をつくり出す。その際、「目的が達成されました。何が起きましたか」と未来を過去形で問う。
- 試合に臨むアスリートの「イメージ」も目的の再解釈の一種。
- 再解釈は、勝利や成功に至るルートを探索する最もクリエイティブなプロセスであり、戦略立案の中でも成否を大きく左右する。

2．目的再解釈による「単位」の変換

- 目的の再解釈により、描写する単位が変化する。例として、売上額が顧客数や使用回

数に変換されることがある。

- 目的の単位が変わることで、目的がより具体的に理解でき、実行しやすくなる。

3．目的の再解釈例

- バッファ（余裕）を持つため、「20億円の売り上げ拡大」を「29億円の売り上げ拡大」と再解釈し、そこから「73万人の新規顧客獲得」や「既存顧客が1回多く消費する」などへと再解釈できる。

4．再解釈案は戦略候補

- 再解釈によって出された案は、すなわち戦略の候補案となる。
- 現実的には、3〜5本程度の候補案を用意し、ステップ4で最終的な戦略に絞り込む。

5．OAT（目的明確化表）

- 目的を明確にするためのツールとして、OAT（Objective Articulation Table）を活用する。

ACTION & LEARNING

- 自身の経験やビジネス誌の記事などから、目的の明確化や目的の再解釈を通してプロジェクトが成功した事例を選び、その目的設定が成功に寄与した理由を800字で説明してください。
- その後、チームで事例について議論し、気づいた点や学びを共有しましょう。（演習II

を参照してください)」

演習 II

目的の明示と再解釈についての事例ディスカッション

2つ目の演習課題は、「自身の経験やビジネス誌の記事などから、目的の明確化や目的の再解釈を通してプロジェクトが成功した事例を選び、その目的設定が成功に寄与した理由を800字で説明せよ」というものです。

この課題では、もともと指示されていた目的や当初考えていた内容とは異なる目的の理解に至り、効果的な再解釈案にたどり着いた事例がよく取り上げられます。具体的な活動ではなく、目的を見通すことに焦点を当てた有意義な練習です。いくつか事例を挙げてみます。

●事例1：売り上げ拡大の指示から利益率改善へ

当初は売り上げ拡大を指示されていたが、実際に求められていたのは利益率の改善だった、という事例。最初は売り上げ拡大のために新規ユーザーの獲得を目指していたので、利益率が悪化するリスクすらあったが、途中で上司の真の意向が明らかになり、活動を修正できた。そのため、プロジェクトを成功に導くことができた。

●事例2：老舗ブランドでの新たな再解釈

担当していたのは老舗ブランドであり、継続的な新規ユーザーの獲得こそがビジネスの王道であるとされていた。しかし、メンバー間の議論を通じて、実際に目指していたのは老舗ブランドらしい安定的な成長、つまり毎年の売り上げ拡大であることが判明した。そこで、ロイヤルユーザーに複数アイテムを使用してもらう、使用機会を増やすといった新たな再解釈案を採用した。

・事例3：販促活動からユーザー確保への再解釈

シェアの拡大をミッションとしていたが、新規顧客の獲得やリピート促進といった消費者理解に基づく目的設定を行わず、ただ週次で販促活動を続けていた。販促活動＝売り上げと思っていたが、分析によりこれらの活動は衝動買いを増やしていただけで、再購入にはつながっていなかったことが判明した。そこで、目的をシェア拡大から安定的なユーザー確保へと再解釈し、結果として持続的なシェア成長につながった。

ステップ3／資源を探索する

これまでに、戦略の2つの構成要素のうち、「目的」についての理解が深まりました。ここからは、残りのもうひとつの構成要素である「資源」について議論を進めていきます。

戦力か、戦略か

以前、戦略系ゲームの広告に「戦力か、戦略か。」というキャッチコピーが使われていたことがあります。センリョクとセンリャクという語呂の良さから採用されたと推測されますが、このコピーは戦略の本質を的確に表しています。圧倒的な戦力があれば、戦略は必要ありません。思いつくことをすべて実行すれば、勝利の栄光を得られるでしょう。でも残念ながら、そんな状況に恵まれることはほとんどありません。

現実的には、資源が不足していることの方が多く、戦略を議論する上での頻出課題です。

そこでまずは、資源の全容を把握することから始めましょう。

資源の全容を把握する

広範囲にわたる対象を把握する際には、あらかじめいくつかのカテゴリーに分類することが有効です。これにより、見落としや抜け漏れを防ぎ、整理がしやすくなります。資源を把握する際も、同じアプローチが役立ちます。例えば、自分たちが自由に使える「内的な資源」と、自分たちが直接管理できなくても資源として運用できる「外的な資源」の2つに分けて考えてみましょう。

内部資源

資源といえば、「ヒト、モノ、カネ、ジョウホウ」というお決まりのフレーズが思い浮かぶかもしれません。しかし、これだけが資源だと考える人と、それ以外にも多くの資源があると理解して探索する人では、戦略立案の段階から大きな差が生じます。

ヒト

典型的な資源の中でも「ヒト」は、すべての資源に対して「係数」として機能する点が特徴的です。ヒトの能力次第で、モノやカネといった有限な資源の効用を何倍にも拡大することができる一方、逆にその効用を無駄にしてしまうこともあります。

例えば、天才的なエースなら、係数が3.0で資源の効用を3倍に引き上げるかもしれませんが、まだ未熟な新人では係数が0.5で、資源の半分しか有効に活用できないこともあるでしょう。

資源としてのヒトは、育成やトレーニングを通じて大幅に能力を向上させることが可能で、士気を高めるだけでもその効用を向上させられる場合があります。人材育成の重要性を理解するには、その人材が身につけたスキルだけでなく、その人材が係数として関わる全資源の総量を意識することが大切かもしれません。

目に見えない時間、経験や知識

目的の議論でSMACとSMARTについて触れましたが、その違いはT（Time-bound）すなわち時間の明示でした。SMACを使って目的を設定する場合、資源として「時間」を示しておきましょう。

時間と同様に、経験や知識も目に見えにくく、見逃されがちな資源です。自社に固有の知識は競争力のある重要な資源でありながら、その価値を認識できないことがあります。

過去の実績を振り返り、組織として経験してきたことや知識をリストアップしておきましょう。プロジェクトや年度ごとに振り返りを行い、経験による暗黙知を形式知に変換していくことも効果的です。

暗黙知は収集、蓄積、共有しにくいため、形式知化は組織全体の知識を拡充する手段として役立ちます。

ブランド関連

築き上げてきたブランド力は、非常に重要な資源です。特にブランドマネジメント制を採用している場合、その重要性は一層高まります。ブランド力の定義にはさまざまな観点がありますが、その多くはブランドの「意味」に起因します。ブランド名は名詞で、造語として固有名詞をつくり出したり、既存の名詞に特別な意味を持たせたりします。いずれにしても、固有の意味が創出されていきます。

そして、その「意味」は、誰をターゲットにしているか、そして何をベネフィットとして提供するかに大きく依存します。ベネフィットがターゲットに認識され、実際に使用して実感されるほど、より強い「意味」として認識できそうです。こうしたブランドの意味の浸透度合いは、ブランド力の指標として利用できます。

広告・施策や製品など

ターゲット消費者にベネフィットを届ける手段として、4P（製品：Product、価格：Price、流通：Place、広告・施策：Promotion）が挙げられます。これらの4Pも資源として捉えることができます。

例えば、以下のような4Pの要素は、資源化された典型的な例です。

・消費者が認識しやすい使用体験をもたらす製品特性
・よく知られ、好感を持たれている広告表現
・広く閲覧されている自社メディアやウェブサイト
・毎年安定して新規ユーザーを獲得する販促活動

・競合が参入しにくい独自の流通経路
・複数の要因によって競合が真似できない低価格、またはブランド力に基づいた高価格の設定

こうした優れた製品や効果的な広告、販促施策は、戦略の資源として利用されますが、同時に戦略に基づいて開発・制作されたものでもあります。一見、戦略のアウトプットが戦略の原料になるという矛盾した構造のように見えるかもしれません。

タネを明かせば、これらの製品や広告は、過去の戦略に基づいてつくられた成果物であり、時間が経過することで資源として活用されます。以前、「時間は見えにくい」と述べましたが、これはその一例です。今年の製品や広告・施策を今年限りで終わらせず、来年以降も活用できるように開発・制作するチームは、年を追うごとに資源量を増やし、強力になっていきます。これは、長寿ブランドの強みのひとつでもあるので、意識してみてください。

外部資源

社外・組織外の資源としては、広告会社やメディア、取引先、コラボレーションのパートナー、そしてＫＯＬ（Key Opinion Leader）と呼ばれる影響力のある専門家などが考えられます。さらに、見えにくいところでは競合の活動や、ロイヤルユーザー、ファンなども重要な外部資源として認識することができます。

インフルエンサーについて

近年では、ロイヤルユーザーやファンを資源と捉えるのは一般的になっています。むしろ、最初に考慮すべき要素とされることもあります。インフルエンサーに関わるマーケティング活動は、新しい手法だと思われがちですが、実際にはＳＮＳが登場する20年も前、１９９０年代後半にはすでに確立されていました。

SNSやスマートフォンが普及する前、インフルエンサー的な役割はラジオのパーソナリティが担っていました。ラジオは、新聞・雑誌・テレビと並ぶ4大マスメディアのひとつですが、テレビとは本質的に異なる面を持っていました。テレビが家族向けだったのに対し、1990年代のラジオはすでに「パーソナルメディア」として機能していました。

ラジオは、時間枠によって聴取者が固定されるため、「生活のリズムの中で、1人で聴く」ことが多く、リスナーは放送をパーソナリティとの対話のように感じることがあります。リスナーにとって、パーソナリティはファンであり友人のような存在です。特にAMラジオでその傾向が顕著でした。これらの関係性は、現代のインフルエンサーとフォロワーの関係によく似ています。

現代のインフルエンサーとラジオパーソナリティの大きな違いは、ラジオが地方ごとに確立されていた点です。パーソナリティが地元の方言で話すことも、リスナーにとって親近感を持たせる重要な要素だったのかもしれません。当時、インフルエンサーとしてラジオのパーソナリティを活用するためには、各地のラジオ局を巡る必要がありました。頻繁に出張しなければならず、非常に労力がかかるものでした。SNSが登場し、インフルエンサーの全国的な活動を可能にしたことで、こうした負担は大幅に軽減されたといえるでしょう。

インフルエンサーという「現象」だけを見ていると、SNS以降のマーケティング手法に見えるかもしれませんが、消費者に作用する「仕組み」を理解すれば、ラジオのパーソナリティとの共通点が見えてきます。資源は時代によってその見え方が変わることもあるため、現象の奥にある仕組みを見通すことが重要です。

競合の力を使う

「競合の力を使う」というと、合気道のようですが、経験を積んだ手練《てだ》れのマーケターたちが実践する手法のひとつです。初めてこの手法を使ったのは、自動車保険のマーケターだと聞いたことがあります。

自動車保険のテレビＣＭを見た消費者は、「そろそろ自分の車の保険も更新時期ではないか」と思い出し、保険の見直しを検討することがあります。しかし、テレビＣＭを見てすぐにその保険会社と契約するわけではなく、一度インターネットで検索することが多いのです。そこで、競合が大量の広告費を投下してテレビＣＭを放送しているタイミングに合わせて、自社はＳＥＯ（検索エンジン最適化）を強化することで、競合のテレビＣＭを自社の資源として活用できるのです。このアプローチは、インターネットで調べてから購入される商品カテゴリーでは広く応用できます。

例えば、化粧下地というカテゴリーでこの手法が有効だったと記憶しています。化粧下地は、ファンデーションの下に塗る化粧品で、消費者が店頭に行く前に検索することが多い商品です。競合が新商品に大量のテレビ広告を投下しているタイミングで、検索対応を強化することで、自社ブランドの成長につなげることができました。

自分たちのマーケティング予算の投下に加えて、もし競合が同じタイミングで活動の強化などしてくると、市場全体を一緒に成長させられることがあります。市場内での競合に加えて、その市場自体も別の市場と競合しているケースはよくあります。

例えば、緑茶飲料のブランド同士は互いに緑茶市場内で競合していますが、消費者が喉の渇きを感じた時、選択肢には紅茶や麦茶、炭酸飲料、ミネラルウォーター、スポーツドリンクなどが含まれます。ある状況下で「緑茶を楽しむのが良いですよ」というメッセージに他の緑茶飲料ブランドが同調すれば、緑茶飲料市場全体を成長させることができるかもしれません。

競合を無条件に敵視する人もいますが、適度に同調したり、追随してもらえたりすることは有益な場合もあります。古《いにしえ》の呉越同舟は、現代のマーケティングにも通じるものです。

一般資源リスト

図表2-4に一般的な資源をリストアップしておきました。ここに挙げたものがすべてではありません。あくまで汎用的なリストの一部として活用してください。また、自社や自ブランドに固有の資源は、このリストには含まれていないことも多いので、注意が必要です。

図表2-4

資源リスト

内的資源

- □ 人
- □ 製品
- □ 予算
- □ 時間
- □ 知識、経験

and

- □ ブランド力
- □ 広告、施策
- □ etc

外的資源

- □ 広告会社
- □ メディア
- □ 取引先
- □ コラボレーション相手

and

- □ 影響力のあるプロ
- □ ロイヤル・ユーザーやファン
- □ 競合の活動
- □ etc

固有の資源も見逃さず、それぞれリストに加えるようにしましょう。

固有の資源：紅茶ブランドリプトンの例

リプトンのティーバッグ「イエローラベル」は、資源の概念を理解する上で分かりやすい事例として、しばしば取り上げてきました。すでにご存じの方は107ページまで読み飛ばしていただいても構いません。ここでは一見資源とは思えないものが、決定的な固有資源となり得る例を示します。

リプトンのティーバッグ「イエローラベル」は、特徴的な形状をしています。一般的なティーバッグはエンベロープ（封筒）型と呼ばれますが、リプトンはピラミッド（正確には三角錐）型を採用しています。研究開発部門によると、ピラミッド型はバッグ上部に空間があるため、茶葉がよく動き、味や香り、色がより引き立つとのことです。この製品特性は、リプトンに固有の特徴として長年にわたって訴求されてきました。

この特徴的な形は、ほかにも大きな違いをもたらして、リプトンのブランド力を強化する重要な資源となっています。

ピラミッド型ティーバッグは、先が尖っているためホチキスで留めることができず、タグにつながる糸は溶着されています。ホチキスの針がないため電子レンジが使えます。もちろん、電子レンジで紅茶を淹れる人は多くありませんが、ロイヤルミルクティーをつくる際には非常に便利です。

図表2-5

リプトンのティーバッグ

違いはなんでしょう？

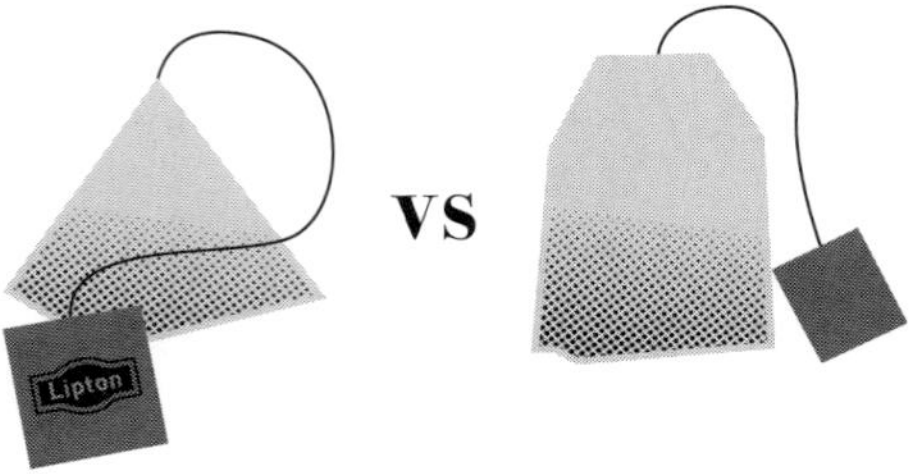

マグカップにリプトンのイエローラベルのティーバッグを2個入れ、水を3分の1、ミルクを3分の2の割合で加え、ラップをかけて電子レンジで2分加熱します。このレシピは「ロイヤルミルクチン」と呼ばれ、簡単にロイヤルミルクティーが楽しめます。

従来の方法では、ミルクパンでお湯を沸かし、ティーバッグを入れて蒸らした後、ミルクを加え、沸騰しないよう気をつけながら温める必要があります。優雅な気分を味わえますが、1杯の飲み物をつくるためにはかなりの手間です。

一方で、リプトンの電子レンジを使った方法なら、ミルクパンを使う必要もなく、沸騰しないよう気を使うこともありません。実に簡単ですが、とても美味しいロイヤルミルクティーをつくることができます。実際に、紅茶の専門家であるイギリス本社の役員が来日した際、その美味しさに感銘を受け、つくり方を聞いて帰ったほどです。

とはいえ、ロイヤルミルクティーを日常的に楽しむ習慣はまだ確立されていませんでした。そこで「秋の夜長に、パートナーがつくってくれたらうれしい飲み物は？」というアンケート調査を実施しました。美味しいけれど手間がかかるロイヤルミルクティーは、秋の夜長にパートナーがつくってくれたらきっとうれしいでしょう。

アンケートではコーヒー、紅茶、ココアなどに加えて、ロイヤルミルクティーも選択肢に入れたところ、上位にランクインしました。この結果を広報活動に活用し、店頭での露出を増やすとともに、家庭内での会話を促しました。実際につくってくれたパートナーもいたかもしれません。

10年間見過ごされていた「ホチキスの針がついていない」という特徴が、電子レンジを使ったロイヤルミルクティーと結びついたことで、競争力の高い資源となり、停滞していた市場に変化をもたらしました。資源というものは、必ずしも資源らしい顔をしているわけではないのです。

先ほど、「競合の活動を資源化する」という話をしました。この「ロイヤルミルクチン」活動でシェアが伸び始めたころ、競合ブランドが「本物のロイヤルミルクティーのつくり方」という広告展開を始めました。競合の動向をベンチマークしていると、つい同じ方向に進みたくなることがあります。電子レンジで淹れる方法が「本物ではない」といわんばかりの訴求ですが、伝統的な方法はやはり手間がかかります。結果的に、競合が手間のかかる方法を強調すればするほど、リプトンの簡単なロイヤルミルクティーが魅力的に見えたかもしれません。

競合の活動が期せずして追い風となり、おのずと資源化しました。結果として、この……年はロイヤルミルクティーが多く飲まれた年だったように思います。

資源量で勝負が決まる

2人のプロフェッショナルが、同時に、同じ指示と情報に基づいて、同じブランドの戦略を立案し始めました。この2つの戦略は、果たして同じものになるでしょうか。

もちろん、同じにはなりません。では、その理由は何でしょうか。

「異なる人物だから」「経験が違うから」「能力に差があるから」――これらはすべて正解ですが、ここでも根本的な理由は「目的と資源」の2点に集約されます。2人の人格や経験、能力の違いにより、「目的の解釈」と「資源の捉え方」が異なるため、戦略も異なるものになるのです。入力が違えば、出力も違うというわけです。

目的の再解釈は、確かに人によって異なりますが、もともとの目的が同じである限り、その違いはある程度限定的かもしれません。ひるがえって、投下できる資源量については、人によってその見え方が大きく異なります。そして、ここで重要なのは、「勝利する側」は「より多くの資源を活用できた側」であるという観点です。

勝利する側は、より多く資源を使うことができた側
——桶狭間の戦いは本当に寡兵が大軍を破ったのか

この話をすると、「では、桶狭間の戦いはどうなんだ」と聞かれることがあります。歴史に興味のある方はこのままおつき合いください。定説ではないものの、勝利する側が資源量に恵まれているという考え方の一例を示せるかもしれません。先を急がれる方は、116ページまで読み飛ばしていただいても構いません。

桶狭間の戦い：概要

1560年、戦国時代の真っただ中に起こった「桶狭間の戦い」は、尾張（現在の名古屋付近）の領主、〝尾張の大うつけ〟織田信長と、駿河・遠江（現在の静岡県付近）の領主である〝海道一の弓取り〟今川義元が対峙した合戦です。今川義元は、2万人とも4万人ともいわれる大軍を率いて、尾張へ攻め込んできました。それに対し、織田信長はわずか2000～3000人の手勢で応戦し、勝利を収めたことで、一般には「寡兵が大軍を破った」例として知られています。

この桶狭間の戦いは、記録が少ないこともあり、歴史家からアマチュアの研究者まで、多くの人々の想像力をかき立てています。ここでは「目的と資源」の視点から、この戦いを見てみましょう。

今川義元は、尾張と三河の境にある鳴海城、大高城、沓掛城を手中に収め、大軍を引き連れて尾張へ攻め上ってきました。織田家の立場で見た時、いくつかの目的設定ができそうですが、ひとまず「今川軍の無力化」を目的に設定したとしましょう。すなわち、今川軍2〜4万人が軍事的に脅威でなくなれば成功です。

この目的に対して、さまざまな再解釈案が考えられます。中には、降伏して織田家は今川家に服従するという選択肢も、論理的には否定できません。しかし、信長の野望や性格を考慮すれば、この選択肢は現実的ではないため、ここでは除外して考えます。

再解釈案①：今川軍2〜4万を殲滅する

2〜4万の兵をすべて打ち倒すことで、今川軍は無力化されます。最も直接的で分かりやすい解釈案ですが、およそ現実的ではありません。この案しか思いつかない場合、すでに敗北が決定的です。

再解釈案②：今川軍の戦力が消耗し、士気が喪失する大軍を維持するためには、食糧の確保や武器の補充といった強固な兵站が必要です。戦闘が長引くほど疲労が蓄積し、補給も困難になります。今川軍の補給路を脅《おびや》かすことができれば、2～4万の兵数がそのままでも、やる気や体力がなくなり、実質的に無力化できます。

再解釈案③：今川軍の武将を調略し、戦力を削減する

大軍は必ずしも強固な結束を持っているわけではありません。今川軍の武将を信長側に寝返らせることで、戦力を拮抗状態に持ち込むことも考えられます。完全な無力化ではないものの、撤退を促す程度の影響力はあるでしょう。しかし、当時の信長は「うつけ者（ばか者）」とみなされていたため、義元側から寝返る動機は薄く、加えて工作に費やす時間もなさそうです。

再解釈案④：駿河で騒動を起こす

駿河（今川の領土）で大地震や大火事といった災害、あるいは大きな謀反が起これば、義元は軍を駿河に戻さざるを得ないでしょう。2〜4万の兵はそのままですが、今川軍が自主的に尾張から撤退することが期待できます。天災はともかく、騒動を起こすことは可能かもしれませんが、ここでも時間が限られているため現実的ではないでしょう。

再解釈案⑤：義元の首を取る

今川義元を討ち取れば、2〜4万の兵がそのままでも、今川軍は潰走する可能性が高まります。たとえ潰走までいかなくても、総大将を失った大軍は烏合の衆と化すかもしれません。この案の特徴は、今川軍の兵数に直接手をつけずに、戦力を無力化できるという点です。

結果的に、信長はこの解釈案⑤を採用し、義元を討ち取ることで勝利を収めました。

織田方の優勢

再解釈案⑤を採用すると、戦場の定義が大きく変わります。沓掛城、大高城、鳴海城といった主要拠点や砦は、桶狭間を中心に半径5キロほどの広がりを持ち、2〜4万人の大軍を収容するには十分な空間です。しかし、もし義元の首を取ることを目的とするなら、重要な戦域は弓の現実的な射程である50メートル、あるいは騎馬の突撃を考慮しても数百メートルに縮小します。これは大軍を展開できる広さではありません。義元が最前列に出てくることはないまでも、最奥に隠れず、捕捉可能な状態を見つけられれば勝機も見えてくるでしょう。

もし解釈案①しか見えなければ、2〜4万の兵力と正面からどう戦うか、どう排除するかを考えざるを得ません。それが絶望的に思えるのも無理はなく、籠城を進言した織田家臣たちの気持ちも理解できます。

しかし、解釈案⑤が見えていれば、義元をどう誘導し、捕捉するかに意識を集中できます。家臣たちの籠城策は、解釈案⑤では、検討の対象にさえなりません。信長が無視したのも当然です。

織田信長は、北側に位置する鳴海城に善照寺砦や中嶋砦、南西にある大高城には丸根砦や鷲津砦を配置していました。当初はこれらの砦が城同士の連携を断つ目的だったかもしれませんが、丸根砦や鷲津砦は信長の出陣とともに陥落しています。義元を油断させ、部隊を分散させるための布石の可能性もあります。義元の慢心は、今川軍の戦力を弱体化させる方向に作用したかもしれません。

義元の首を取ることを目指すなら、義元周辺の数十〜数百メートルの範囲では、織田方の戦力が優勢であったとしても不思議ではありません。目的の再解釈とその一点への資源の集中、そしてそれに応じた資源の把握などに、信長の軍事的天才性が見られますが、3000の寡兵が10倍の大軍を制した「魔王」という印象とは異なります。

「即《すなわ》ち我れは衆《しゅう》にして敵は寡《か》なり。能《よ》く衆《しゅう》を以て寡《か》を撃てば、則《すなわ》ち吾が与《とも》に戦う所の者は約なり」

現代語訳：つまりこちらは大勢で敵は小勢である。大勢で小勢を攻撃してゆくことができるというなら、こちらの戦いのあいては弱小である（岩波文庫、金谷治訳注）と、『孫子』の虚実篇をまさに再現したかのようです。

ちなみに、合戦後の論功行賞では、義元の首を取った毛利良勝ではなく、今川軍の位置を知らせた簗田政綱が勲功第一とされたという説があります。解釈案⑤において最も重要なのは義元の位置を特定することですから、この評価は理解しやすいものです。

資源の多寡を左右するもの

「戦いは数だよ、兄貴」という有名なセリフがありますが、勝利とはすなわち資源をいかに用意できるかにかかっているといっても過言ではありません。ただし、資源量の問題は単純に「敵が2〜4万の兵を擁するなら、こちらもそれ以上の兵数を用意しなければならない」という話ではありません。これまで見てきたように、目的の再解釈によっては、3000の兵力でも目的達成に十分な資源量に達することだあります。

例えば、風車のある丘を想像してみてください。風車がなければ、ただ風が吹くだけの丘ですが、風車という工夫を用いれば、風そのものを資源として活用できます。同様に、ロイヤルミルクティーという発想が加わることで、「ホチキスがついていない」という特徴が強力な資源に変わりました。工夫が資源の価値を引き上げることがあります。

このような工夫は、必ずしも自分たちの兵力や資源を直接強化するものだけではありません。例えば、沓掛城から大高城に至るルートや桶狭間周辺の起伏に富んだ地形は、今川軍の大軍を展開しにくくしました。これにより、敵の強みを封じることができ、結果として、織田方の兵力が相対的に強化されました。

資源を探索し再解釈する時には、こうした工夫や状況などの「介在物」を意識しましょう。それまで無意味に思えた要素が、にわかに威力を発揮することがあります。

資源の多寡に寄与するもの

新たに資源を見出すには、目的を意識することをはじめ、多様な視点を持つことが有益です。それは「視点」というより「視野」や「視座」といった広がりの概念かもしれませんが、いずれにせよ、より多くのものが見えることで、資源の可能性も広がります。

同調圧力が強い環境では、正解が求められがちです。100人のプロフェッショナルが同じ問題を考える時、80人が同じ答えを出すなら、それはおそらく間違いではないでしょう。ただ、それで勝てるとは限りません。8割の人が勝つゲームはあまりないからです。

異なるものが見えることは、新たな資源を見出すことにつながります。チームで物事を進める際に、同じ認識を共有することは重要です。しかし、全員が同じものを見ていることが、常に効果的な戦略立案につながるわけではありません。

もしチームの中に、ホチキスの針や、丘の上の風車、桶狭間の池や田んぼといった、誰もが見落としがちなものを見通すユニークな人材がいるなら、それは非常に幸運なことです。彼らの意見は他の皆と違いますが、面倒がらずに耳を傾けるべきです。これまで気づかなかった資源が見えてくるかもしれません。

また、他部門や隣のブランドの担当者など、自分とは異なる視点を持つ外部者の意見も有用です。もちろん、すべてが当たりとは限りません。むしろ、外れの方が多いかもしれませんが、当たった時の影響力は大きそうです。

こうした個性的な人材や外部者の視点に恵まれない場合には、自ら視点を広げる技術を使いましょう。先天的に視点を飛ばせる才能には及ばないかもしれませんが、後天的な工夫でも視野を大きく広げることができます。

バイアスを外すのではなく、バイアスを加える

視点を広げる基本原理は、無意識にかかる「バイアス」を外すことです。バイアスを取り除けば、素直に見えるものが増えます。しかし、無意識のバイアスはその名の通り、意識的に管理するのは簡単ではありません。修練や徳を積まなくてはならないのかもしれませんが、幸いなことに、目的は「バイアスを外すこと」そのものではなく、バイアスのない視点を通して「新しい資源を見出すこと」です。

であるなら、バイアスを完全に外さなくても、中和できれば十分ですし現実的です。バイアスを例えば黄色がかったレンズのサングラスをかけている状態だと想像してみましょう。世の中が全体的に黄色がかって見えています。この視界から黄色味を取り除くのは難しいかもしれませんが、青や赤のサングラスをかけることで、黄色と同化して見えにくかったものを、浮き上がらせることができます。

このように、視点を広げるために「バイアスを外す」のではなく、むしろ新たな「バイ

アスを加える」というアプローチは有効です。そこで、いくつかの「効果的なバイアス」をご紹介します。

視点を拡張する技術①Filtering：フィルターをかける

視点を広げるためのひとつの技術として、他の学問領域や専門領域を「フィルター」として適用する方法があります。

例えば、雷は洋の東西を問わず、古くから「神様の怒り」だと考えられてきましたから、対処法は「お祈り」でした。1752年にベンジャミン・フランクリンが凧揚げ実験で雷が静電気であると証明して以来、雷への対処法は「通電性の高いものを体から離す」に変わりました。

私たちが300年前の人々より賢いわけではありませんが、小学校で学ぶ理科の知識を「フィルター」にすれば、雷の背後に怒った神様ではなく、静電気を見ることができます。

このように、自身の専門領域とは異なるフィルターを使うことで、見えるものが増えていきます。また、時間軸を変えることも効果的なフィルターです。例えば、3年後、3時間後、あるいは3日前の視点で見ると、新しい景色が浮かび上がることがあります。温度を上げたり下げたり、長さを延ばしたり縮めたりと、さまざまな変数を調整することでも、新たな発見や「違い」を見出すことができるでしょう。自発的に「変化」をつくることで、視野が広がり、より多くの資源が見つかることがあります。

視点を拡張する技術② Copying：コピーする

他者の考え方をコピーして転用するのも、便利で実利の大きい方法です。特に、上司の思考プロセスをコピーすることを強くお勧めします。上司に提案する前に、「あの人ならどう反応するだろう」とシミュレーションしてから持っていきましょう。その提案に対してフィードバックを受けたら、そのフィードバックを活かして上司の考え方のコピーを精緻化していきます。

これは、上司の言いなりになることとはまったく異なります。むしろ「上司の思考アルゴリズムをコピーして自分の中につくり上げる」ということです。私も、歴代の上司たちのコピーが頭の中にあり、今でも彼らに助けてもらっています。

コピーの対象は上司に限りません。優れた思考を持つ人物であれば、同僚や部下、友人など誰でも対象にできますが、頻繁に接する人が効率的です。また、自分自身の過去や未来にいる「異なる時間軸上の自分」に問いかけることも役立ちます。例えば、キャリアに大きく影響する意思決定をする際に、25歳の自分や65歳の自分がどう感じるかを考えると、意思決定に自分らしい一貫性を担保できます。

すでに実践されているかもしれませんが、競合他社の視点を「コピー」して世の中を眺めることで、新しく見えてくるものもあるでしょう。

視点を拡張する技術③Imagining　イメージする

重要な新商品の場合などには、導入の2～3カ月前に複数の部門や役職からメンバーを集めた多機能チーム（クロスファンクショナルチーム）で、次のような演習をすることをお勧めします。

例えば、「来年春に新商品を上市するプロジェクト」を考えてみましょう。演習では、次の問いを設定します。

「今は再来年の春です。つまり、この新商品が市場に導入されてから1年後です。残念ながらこのプロジェクトは無残に大失敗しました。さて、何が起きたでしょうか」

この演習は「どうすれば大失敗を防げるか」という問いと同じに見えるかもしれませんが、〈ステップ2：目的の再解釈〉でも触れたように、未来を過去として捉え、過去形で表現することで、脳は通常とは異なる思考を見せるようです。

「このプロジェクトは大失敗しました。何が原因でしょうか」と問うと、通常では想定外の事態が想定内に入ってきます。「どうやったら成功するか」と問うだけでは出てこない答えが、この方法で引き出されるのです。

例えば、「営業チームの2割が辞めてしまった」「大災害が発生した」「原材料の入手が困難になった」などの事態が想定されます。これらは通常は考えにくいものですが、発生の可能性があるなら対策を講じておく価値があります。

この演習は、ビジネス・コンティンジェンシー・プラン（BCP：Business Contingency Plan）を、ひとつのプロジェクトに適用したものです。例えば、関西に生産拠点があり、東名高速道路を使って関東に商品を運んでいるなら、東名高速が通行止めになった際の代替手段を考えてあることでしょう。こうした計画をBCPと呼びます。自身やチームの命運を左右するような大きなプロジェクトを担当しているのであれば、このような企業全体のBCPと同様、プロジェクトやブランドのコンティンジェンシー・プランを作成することはとても有意義です。

また、想定外の大成功も考慮すべきです。電子書籍なら想定外に10万部売れても大きな問題はありませんが、紙の書籍では品切れが発生します。物理的な製品を扱うビジネスでは、「大成功で予想の3倍売れているが、何が起きたか？」という問いを設定することで、より広い視点で準備を整えることができます。

第2章 ステップ3のまとめ

1. 資源の重要性

- 戦力か、戦略か。戦力の充実があれば戦略は不要だが、資源が限られる際に戦略が必要になる。
- 勝つ側は、通常、資源量が多い。

2．内部資源の把握

- 典型的な資源「ヒト、モノ、カネ、ジョウホウ」だけでなく、時間、経験、知識、ブランド力も資源として捉える。特に「ヒト」はすべての資源に影響を与える。
- 過去の戦略に基づいてつくられた製品や広告なども、現在の資源として再利用可能。既存の資源を再評価し、活用の幅を広げる。

3．外部資源の活用

- 広告会社、メディア、取引先などの外部の協力者も重要な資源。ロイヤルユーザーやファン、インフルエンサーなどの影響力も有効なことが多い。
- 競合の活動も重要な資源として活用できることがある。一例として、競合のテレビCMに合わせたSEO対策が挙げられる。
- 競合との同調も資源として活かすことで、市場全体の成長を促すことができる場合がある。

4．資源の多寡を左右する要素

- 資源量は単に「大きい vs 小さい」の問題ではなく、目的や状況に応じた再解釈が必要である。
- 目的に応じて少数の資源でも大きな効果を発揮することがある。資源量を高めるためには、係数として機能したり、介在したりする事象に気をつける。風車や、リプトンのロイヤルミルクティーなどがそれにあたる。

5．視点を拡張する技術

- バイアスのかかりにくい自由な視点もつ人材がいれば、大いに意見を聞く。
- そうした人材がいなければ、自分でバイアスをかけることで、無意識のバイアスから脱出を試みる。

1 Filtering：他の専門分野の視点や時間軸の変化を取り入れて、資源を見出す。

2 Copying：上司や優秀な同僚、競合の考え方をコピーして転用することで、資源の視野を広げる。

3 Imagining：未来の失敗や成功を過去形で想像することで、想定外の問題を想定内に引き込む。

ACTION & LEARNING

- 上司や同僚の思考パターン（アルゴリズム）をコピーするために、明日から具体的にどのような行動をとるべきか考えてみましょう。
- 例えば、提案前に上司が言いそうな指摘をあらかじめ反映する、修正指示を受ける際に内容だけでなく、その背後にある意図や視点を理解する、などが考えられます。
- さまざまなタイプの人々の視点を思い出してみてください。ロイヤルユーザーに着目する人、新規消費者を気にかける人、競合の動向を重視する人、前例を尊重する人、短期の利益を優先する人、長期的成長を重視する人、株価に敏感な人、自分や部下のキャリアを最優先にする人、環境や社会的な影響を考慮する人、上司の意向やその上の意向を気にする人、派手さを好む人、他部門との協力を重視する人、本社やグローバル方針を意識する人、そして革新や新しい挑戦を好む人など、さまざまです。
- それぞれの人物がどのような意図や観点を持ち、どのような思考プロセスを経ているかを分析してみましょう。特に、自分が共感する人だけでなく、直感的に反発を覚える人の思考パターンにも目を向けてください。たとえ同意できないとしても、そのプロセスを理解することで有益な洞察が得られるかもしれません。

ステップ4／資源優勢を確立する

戦略を構成する2つの要素、「目的」と「資源」について説明してきました。ステップ4では、いよいよこれらを基に戦略を立案していきます。

再解釈案から、戦略を選択する

ステップ2の「目的の再解釈」で、それぞれの再解釈案が戦略の候補であるとお話ししました。同じ部屋にたどり着く複数のドアをイメージしてください。このドア1枚1枚が、それぞれ「目的の再解釈案」です。では、どのドアを選ぶのが正解でしょうか。

その答えは、手元にある「鍵」、つまり投下できる資源です。戦略の構成要素は「目的」

と「資源」ですから、目的の再解釈というドアを開くのに必要な鍵は、資源です。そして、固有の資源を使って開けられるドアが見つかれば、それは自分専用のドアです。競合はそのドアを通ることができず、競争優位につながるかもしれません。

とはいえ、必ずしも固有の資源にこだわる必要はありません。もし他の資源で開くドアがあり、それが最短の道であるなら、それを選ぶ方が賢明でしょう。重要なのは、固有資源かどうかではなく、この後説明する「資源優勢」を確立できるかどうかです。

戦略策定の基本原則

「資源の鍵」で開く「目的再解釈のドア」を見つけるために、それぞれの再解釈案に対して、投下可能な資源量を示し、両者を比較していきます。天秤の片方に目的の再解釈案を、もう片方に投下可能な資源を載せてバランスを見るイメージです。もし、投下できる

図表2-6

勝てる戦略のつくり方

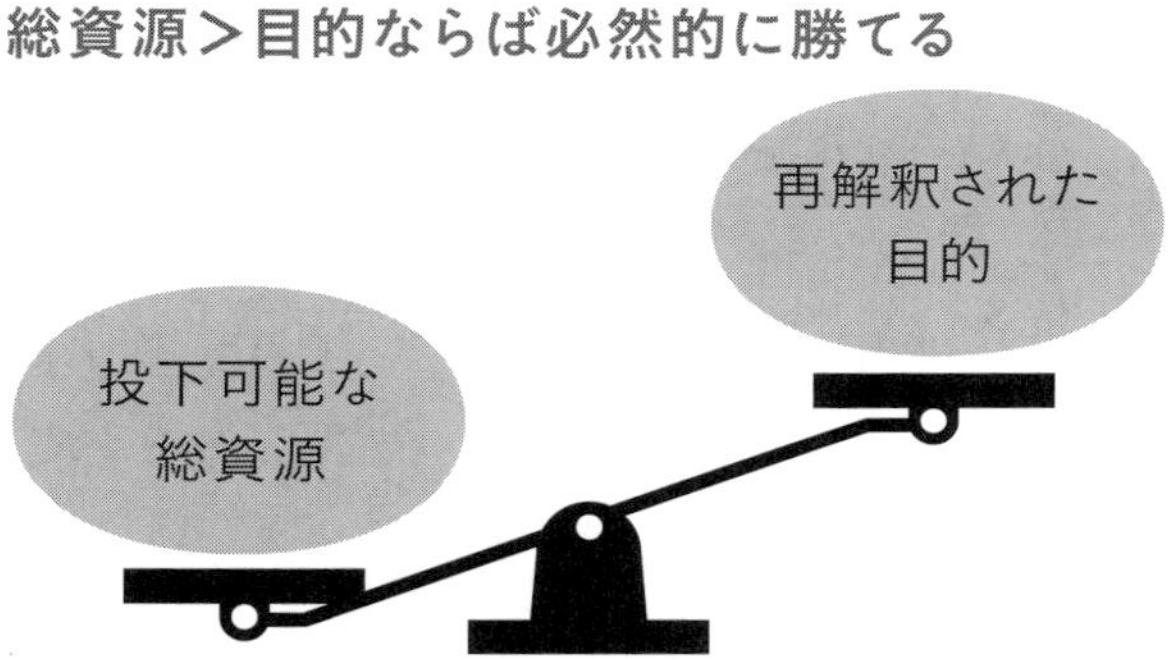

資源量が再解釈した目的の達成に必要な量を上回れば、天秤は資源側に傾き、必然的に目的が達成される可能性が高くなります(図表2－6)。

「こんなに単純なことなのか」と思われるかもしれません。戦略の立案というと、とても複雑で難解なものを想像しがちですが、その構成要素を「目的と資源」の2点に絞り込めていることで、簡潔に思考を集中することができます。シンプルですが、強靭な考え方です。

とはいえ、10個もの天秤を同時に扱うのは困難です。目的の再解釈案は通常3～5個くらいと説明したのは、この比較作業の負担を過大にせず、現実的な戦略立案を可能にするためです。

資源優勢を探せ

安定して勝利するためには、「目的に対して投下可能な資源量が優勢であること」が必要です。つまり、「資源優勢を探せ」というのが戦略立案で最も肝要なポイントです。競争環境が厳しく、目的の達成が常に競合に左右される場合、投下可能な資源量を競合と比較し、資源優勢を確保できる選択肢を選ぶのも効果的です。勝つ側はより多くの資源を運用できる側です。資源優勢を確立することで、競合との直接的な競争に対して、優位に立ちやすくなります。

たとえ競争が激しくても、競合そのものは戦略の構成要素ではありません。競合の動きを目的や資源への影響を通じて反映させるべきという議論を思い出してください。競合との資源差を観察し、それに基づいて戦略を調整することは、競合の動きを自分たちの戦略に効果的に反映させる合理的な方法のひとつです。

例えば、マーケティングの4P（製品、価格、流通、販促）で競合と資源の差を比較しましょう。自社製品への消費者の評価が競合よりも高く、流通面では競合が優勢である場合、資源優勢は製品性能にあると考えられます。その優勢を活かせる目的再解釈案があれば、それは戦略の重要な選択肢となりそうです。

具体的な例示①

目的の再解釈案と投下可能な資源の比較というシンプルな議論ですが、やや抽象的に感じるかもしれません。そこで、具体例を示します。「ステップ2：目的の再解釈」で取り上げた「先期に対して20億円の売り上げ拡大」の例を使いましょう。

図表2-7

どの案が「資源優勢」か（20億円売り上げ拡大案のケース）

案	目的の再解釈	投下可能な総資源量	資源優勢
❶	73万人の新規ユーザーを獲得（30%のバッファを含み、29億円の売り上げ増を目指す）	❶**マーケティング予算**：22億円（前年より2億円、約10%増加）。市場2位の競合ブランドは、今期30億円の投資と推察され、今期も強い競争圧力をかけてくる見込み。 ❷**流通支援**：首位ブランドとして流通からの厚い支援を受け、配荷率と店頭での山積み率は通年で業界首位を維持。 ❸**商品満足度**：1カ月の使用後に顧客満足度が高く、再購入意向も強い。ただし、数回の使用で満足度を感じることは少ない。 ❹**価格設定**：競合より5〜10%高いが、新規ユーザー獲得に大きな障害にはなっていない。 ❺**新商品導入**：2年後に新商品を予定しており、改良された性能で新規ユーザーにも使いやすい。パッケージの文言変更は随時可能。	△
❷	既存顧客の使用頻度を現在の4回より1回追加（10%のバッファを含み、22億円の売り上げ増を目指す）	❻**平均使用回数**：平均使用回数は4回だが、ユーザーの20%は6回使用している。調査によると、6回使用者には運動部に所属する中学生以下の子どもが2人以上いる家庭が多い。 ❼**満足度**：ユーザーの平均満足度は5段階中3.9、6回使用者では4.3と満足度が高い。 ❽**使用人数**：既存ユーザーの70%が家族で使用し、世帯平均使用人数は2.1人。6回使用者の家庭では平均3.8人が使用している。 ❾**製品調整**：生産ラインを変更せずに増量やパッケージ文言の変更が可能。	○

20億円の売り上げ拡大を企図するくらいなので、現状の売り上げを200億円と仮定しましょう。10%成長、つまり20億円の売り上げ拡大を目指すというシナリオです。今期のマーケティング予算は売り上げの10%、つまりこちらも20億円と想定します。

来期は10%、20億円成長するので、売り上げが220億円になると予想します。その場合、マーケティング予算は22億円に増えると期待できます。競合が大規模なマーケティング投資を行うと予測されているなら、どの資源で優勢を確保できるかが戦略選定のカギになります。

図表2―7は資源優勢の考え方を、実感しやすくするための例示です。実際の戦略立案では、より深い資源理解がなされることも多いと思います。質的な記述に加えて、数値で表現できる資源ももっと多いかもしれません。

再解釈案①についての考察

再解釈案①の「トライアル促進策」では、店頭での露出や一定の広告投下が評価されますが、競合が昨年30億円もの予算を投じている点が懸念材料です。仮に今年も同額を投入された場合、競合に対して劣勢を強いられる可能性があります。

流通からの高い支持は心強いですが、先期も同様のレベルであったことを考えると、来期に固有の資源ではありません。また、商品の満足度の高さも評価すべきですが、数回の使用で満足を感じる可能性は低く、新規獲得に向いた資源にはなりにくいようです。

さらに、トライアルを推進する新商品は2年後に導入予定であるため、現時点でトライアル策を強化する必然性は低いかもしれません。

再解釈案②についての考察

一方、再解釈案②では、年に6回使用するユーザーが一定数おり、彼らの特徴が把握できているため、似た傾向を持つ他のユーザーにも使用量の増加を促せる可能性があります。また、6回使用するユーザーの満足度は平均より高く、使用頻度と満足度の間には正の相関が見られます。因果関係は不明ですが、使用回数の増加と顧客満足の向上を同時に狙える施策が可能かもしれません。

加えて、既存ユーザーの70％が家族で使用しているため、これを活かして顧客の離脱リスクを抑えることも期待できます。新規ユーザーの獲得は2年後の新商品導入に合わせて行い、来期は既存ユーザーのロイヤルティ向上による売り上げ拡大を企図することで、資源優勢の可能性を高められそうです。

具体的な例示②

先ほどの「桶狭間の戦い」に触れた方は、資源優勢についても議論しておきましょう。目的は「今川軍の2～4万人が軍事的に脅威ではなくなる」というものでした。以下に、再解釈案とそれぞれに投下可能な主要資源を記載します。

※この記述は、あくまで具体的なイメージを持つためのものであり、歴史的な真理を追

図表2-8

どの案が「資源優勢」か（桶狭間の戦いのケース）

案	目的の再解釈	投下可能な総資源量	資源優勢
—	いずれの再解釈でも適用可能な要素	兵力：織田軍は約2〜3千人、今川軍は2〜4万人。兵数では圧倒的に不利だが、小勢の機動力を活かせる。 地形：桶狭間の起伏の激しい地形は、今川のような大軍には不利。織田軍はこの地形を熟知し、奇襲などに利用できる。 天候：雨天の可能性あり。視界を悪化させ、大軍では指揮系統の混乱の可能性がある。少数精鋭の織田軍は混乱しにくいか。 士気：戦に大義があり士気が高く、鋭気も十分で連携も緊密である。一方、今川軍は人数こそ多いが、連携しにくいか。 奇襲の可能性：奇襲に必要な機動力と隠密行動を有している。 今川の慢心と油断：今川義元は織田信長を侮り、勝利を確信している。 国衆（地侍）の支援：尾張国内の国衆や地侍からの支援を得やすい。 自領の複数城郭：自領内に多数の城郭や砦を有していて、拠点として使える。 自領での戦闘：兵站を確保しやすい。 時間的猶予の制限：尾張国内の平定直後で、時間的な猶予はない。	—
❶	今川軍2〜4万を殲滅する	諸大名との連合：義元と敵対する大名から支援を受けられるかもしれないが、時間的に間に合わない。近隣大名からは期待しにくい。	×
❷	今川軍の戦力消耗、士気喪失を期待する	今川軍の補給状況：駿河からの兵站が長く、大軍の今川軍は糧秣などの消耗が激しい。 今川軍の消耗状況：とはいえ、今川軍の兵力を消耗させる時間的猶予は極めて限定的。	×
❸	今川の武将を調略する	今川武将の意図：信長側につく理由は極めて限定的であるうえ、説得する工作の時間は極めて限定的。	×
❹	駿河で騒擾を発生させる	駿河での工作可能性：駿河国内の支援者は極めて限定的であるうえ、騒動を起こす工作の時間は極めて限定的。	×
❺	義元の首をとる	地形：桶狭間の起伏の激しい地形は、今川軍のような大軍には展開しにくい。織田軍はこの地形を熟知し、巧みに利用可能。 情報：国衆（地侍）による迅速な情報網により、義元の位置を特定できる可能性がある。	○

求すれば、さらに多くの解釈案や資源リストが想像できるかもしれません。

再解釈案①：今川軍2〜4万人を殲滅する

- 資源の使い方：城郭や地形の利を最大限に活用し、防御を固めます。兵力差を埋めるため、他の大名からの支援を得ることも必要でしょう。
- 結果予測：外部からの援軍は望み薄で、籠城は一時しのぎにしかなりません。平定直後の尾張は安定しておらず、長期戦では不利になる可能性が高く、資源優勢を確立するのは著しく困難です。

再解釈案②：今川軍の戦力を消耗させ、士気を低下させる

- 資源の使い方：地形や天候を利用し、ゲリラ戦や兵站線の遮断に集中する。小規模な戦闘で今川軍を疲弊させせます。
- 結果予測：今川軍を消耗させるには時間がかかり、長期戦になれば自軍の損耗も避

けられず、状況は悪化しやすいと思われます。この再解釈案も、資源優勢を確立するのは困難です。

再解釈案③：今川軍の武将を調略し、戦力を削ぐ

- 資源の使い方：信長や家臣団の外交力を駆使し、敵将を寝返らせるために調略を試みます。
- 結果予測：調略に成功すれば戦力低下は期待できますが、成功率は低く、時間がかかるため、この再解釈案を単独で採用するのはリスクが大きいと予想できます。

再解釈案④：義元を撤退させるために駿河で騒擾を起こす

- 資源の使い方：義元を尾張から引き戻すために、駿河で騒擾《そうじょう》を起こすなど、謀略を実行します。
- 結果予測：短期間では成果が期待できず、敵の行動を制御するのは難しいと想像さ

れます。そもそも駿河領内に工作員がいたとしても、資源優勢を確立できる確信はなさそうです。

再解釈案⑤：今川義元を討ち取る

- 資源の使い方：桶狭間の地形では義元本隊も小さな単位で行動する可能性が高そうです。自国領内の情報網を使って義元の位置が特定できれば、少数精鋭部隊による機動力と隠密性、天候などを活かして奇襲し、義元の首を狙います。
- 結果予測：義元の位置が分かれば、最も資源優勢を確立できる現実的な再解釈案です。成功すれば大軍の戦意を大きく喪失させられるかもしれません。準備に多くの時間を割く必要がない選択肢です。

桶狭間の戦いでは、私たちはすでに歴史的な結果を知っているため、各再解釈案と投下可能な資源の比較はそれほど難しくありません。5つの案が提示されていても、現実的に資源優勢を確立できる選択肢は、実際に採用された再解釈案⑤のみだったといえます。

整理の方法の代替案

資源総量が一定であることを前提に、別の形式で各再解釈案を比較してみましょう（図表2-9）。どの案でも利用可能な資源（兵力、地形、士気、国衆の支援など）は変わりませんが、その資源の使い方や集中の仕方が異なります。「同じ資源でも、解釈案次第で有効に使える場合もあれば、ほとんど役に立たない場合もある」という資源の性質が分かりやすく示されています。

こうして再解釈案と資源の表を眺めてみると、再解釈案⑤の「義元の首を狙う策」が最も効率的に資源を活用できることが分かります。

図表2-9

「資源優勢」比較の整理：代替案

○：資源優勢
△：やや優勢〜大きな劣勢にならない
×：資源劣勢
―：評価対象ではない
△※：劣勢ではないが、数的劣勢を覆すほどではない
▲：劣勢ではないが、長期戦でないと威力が発揮できない

概要	案❶殲滅 戦闘し、兵数を減らす	案❷消耗 戦闘せずに、兵数そのままで、士気を下げる	案❸調略 戦闘せずに、兵数を減らす	案❹騒擾 戦闘せずに、尾張から兵数を減らす	案❺斬首 戦闘し、総大将を排除する
兵力：織田軍は約2000〜3000人、今川軍は2〜4万人。兵数では圧倒的に不利だが、小勢の機動力と隠密性が高い（奇襲を仕掛けやすい）。	×	×	―	―	○
連合：義元と敵対する大名と連合し、支援提供を受ける。	×	―	―	―	―
地形：桶狭間の起伏の激しい地形に、大軍は展開しにくい。織田軍はこの地形を熟知し、巧みに利用可能。	△※	―	―	―	○
天候：雨が降るかもしれない。視界を悪化させ、今川軍の指揮系統を混乱させる可能性がある。少数精鋭の織田軍は混乱しにくいか。	△※	―	―	―	○
士気：織田軍は士気が高く、鋭気も十分で連携も緊密。一方、今川軍は人数こそ多いが油断と士気の低下が問題。	△※	△	―	―	○
今川の慢心と油断：今川義元は織田信長を侮り、勝利を確信している。	△※	×	×	―	○
国衆（地侍）の支援：尾張国内の国衆や地侍からの支援を得やすい。	△※	△	―	―	○
国衆（地侍）による情報網：迅速な情報網	△※	△	―	―	○
自領の複数城郭：自領内に多数の城郭や砦を有しており、拠点を活かすことができる。	△※	△	―	―	△
補給：織田軍は自国領で兵站を確立しやすい。対して、今川軍は自国領から距離があり、兵站線が長い。長期戦になれば織田軍有利か。	▲	▲	―	―	―
調略工作の資源：信長側につく理由（人徳など）が乏しい。	―	―	×	―	―
駿河国内での工作の資源：駿河国内に支援者は少ない。	―	―	―	×	―
時間的猶予の制限：尾張国内の平定直後で、継戦能力には不安がある。時間的な制約が強い。	×	×	×	×	△

桶狭間の戦いの例では、信長にとっての現実的な選択肢が限られていたため、比較的コンパクトな表にまとめられました。しかし、マーケティングやビジネスに応用する際は、解釈案によって投下される資源が多岐にわたるため、資源リストが長くなりすぎないように注意する必要があります。

また、合戦のように競合との直接対決の場合、同じ表を競合の視点から作成するのも有意義です。もし今川勢がこの表を持っていたなら、輿《こし》に乗るなどといった義元の位置が特定される行動や、大軍の展開が難しい地形を通る進軍ルートは避けられたかもしれません。

資源優勢を見通すスキル

「資源優勢」は、天秤の左右に目的の再解釈案と投下可能な総資源を載せたシンプルな図で説明できますが、実際に評価するのは見た目ほど簡単ではありません。その原因のひとつは、目的と資源の単位が一致しないことにあります。

例えば、3000人の部隊が2〜4万人の軍勢と戦うのが困難だということは、軍事に詳しくなくても想像できます。なぜなら、目的も資源も兵数という同じ単位で示されているからです。一方、義元の首を狙う案に対して資源が優勢かどうかを評価するのは、史実を知っていても簡単ではありません。

マーケティングやビジネスでも同様です。73万人の新規ユーザーや、既存ユーザーが1

回多く使うことは、どれほどの予算や労力を必要とするかが分からなければ、判断は難しいでしょう。では、どうすればこうした単位の違いを乗り超えられるのでしょうか。

プロフェッショナルの矜持

プロフェッショナルとは何か、その定義や捉え方はさまざまですが、「異なる単位を乗り超えるスキルを持つ人」と見ることもできます。

例えば、腕利きの営業部長を思い浮かべてみてください。年度末まであと2～3週間しかないというタイミングで、何とかして1億円の追加売り上げを求められたとします。彼なら無理だとはいいませんが、何か条件を提示しそうです。例えば、2%の値下げ、他支店からの営業人員の増援、あるいは期間限定商品を追加で生産するなどです。いずれの案も「1億円」という目標とは異なる単位で表現されていますが、この営業部長は単位の違いを乗り超えています。

戦略立案におけるプロフェッショナルとは、こうした単位の違いを超えて目的と資源のバランスを見通せる人です。簡単に修得できるスキルではありませんが、目的に対して十分な資源があるかどうか不安な場合、このスキルの不足が原因かもしれません。戦略の立案を優秀な人に任せたいと願う理由は、彼らがこの単位の違いを乗り超えられるからだと思われます。

マーケティングの場合

営業のプロフェッショナルは、店頭の売り上げを再解釈し、営業活動を通じて資源の優勢を図ります。研究開発のプロフェッショナルは、消費者満足度を再解釈し、製品技術を通じて資源の優勢を試みます。

一方、マーケティングやブランディングは、消費者のパーセプション（知覚や認識）に働きかける分野です。典型的な議論として、「担当している新商品について、3カ月以内にターゲット消費者の30％がそのベネフィットに魅力を感じるには、いくらかかるか」という質問などが挙げられます。即答できるプロフェッショナルもいれば、時間をかける必要がある人、まったく見当がつかない人もいるかもしれません。

経験を積んだベテランほど、こうした質問への回答精度は高まります。「この程度の認識変化なら、どのようなコミュニケーションを開発し、どのくらいの量を、どの媒体にどう投下すれば、期待する変化を生み出せるか」といった見通しを持てることは、プロフェッショナルのひとつのあり方だと思います。

固有資源の問題

資源優勢を確立する際、単位の違いを超えることに加え、固有資源の使い方に悩むことがあります。先述の通り、固有資源や競争優位にこだわる必要はありません。大切なのは、固有かどうかよりも資源優勢を確立できることです。しかし、固有資源を活用すれば、独自の成功を収められるのではないかという期待もあるでしょう。

そこで、どの再解釈案にも固有資源が活かされないケースを考えてみます。消費者やブランドの理解を駆使して目的を再解釈しても、自ブランドの長年の特徴や技術を活用できる案が見つからない時、重要な側面を見落としているのではないかと不安になることがあります。

資源が先か、目的が先か

もし見落としがあるなら、それは固有資源の使い方ではなく、目的の再解釈かもしれません。こうした場合には、固有資源を起点に考える方法もあります。定石通りに「目的が達成された状況は?」と問うのではなく、「この固有資源が最大限に活かされた状況とは?」と問い直します。つまり、目的より資源を優先して考える方法です。

「コンサルタントが高額報酬を得られるのは、定型にない問題を解決している時だ」という表現があります。大きな問題は、定型に収まらないことが多いからです。これはコンサルタントだけでなく、多くのプロフェッショナルにも当てはまります。

概念的には、戦略は目的と資源で説明できますが、現実の事例は常に個別で特殊なものです。正攻法で目的から進められる状況もあれば、固有資源を起点に目的を再解釈する場合もあります。正攻法で資源優勢が見出せない場合、固有資源から逆に考えることで道が開けることがあるので覚えておいてください。

ジャイアントキリング

資源優先に関連して、「ジャイアントキリング」についても触れておきたいと思います。弱者が強者を打ち負かすことを「ジャイアントキリング（巨人殺し）」といいます。表面的に見ると、桶狭間の戦いも3000人で2～4万人を退けたジャイアントキリングに見えるかもしれません。しかし、これまで議論してきたように、実態は資源優勢が確立されていたと考えられます。

ジャイアントキリングでも資源優勢を見つけることが肝要です。どんなに強大な競合や高い目標に見えても、それを倒し、達成できる状況をうまく再解釈し、資源優勢を確立すれば、勝機が見えてくるでしょう。ジャイアントキリングは頻発するものではありませんが、そのアプローチは通常の目的達成と変わりません。目的を明確にし、再解釈し、固有資源を含む総資源を把握して、資源優勢を探します。場合によっては、「固有資源から考える」方法が特に有効になることもあります。巨人に挑む弱者は、文字通り資源が限られているからです。

資源優勢を確立できない場合

資源優勢が確立できない場合、「勝負は時の運だ」「やってみなければ分からない」といった言葉が飛び交うこともあります。桶狭間の信長のように、一瞬でも資源優勢を実現できる状況を見出したのであれば、その勝負に挑む価値があるでしょう。

逆に、資源優勢を見出せていないなら、まだ勝負をかける段階ではありません。もし目的の再解釈に余地があるなら、再度検討しましょう。目的の再解釈を尽くしている場合は、目的そのものを変更すべきです。また、資源の探索に余地があるならば、さらに目をこらして探し出すべきです。すでに資源を最大限探索している場合は、資源の増強を図る必要があります。

第2章 ステップ4のまとめ

1．資源優勢の確立

- 目的の再解釈案と投下可能な資源を天秤にかけ、資源優勢である再解釈案を選ぶ。選択肢は3〜5個程度に絞っておくのが現実的。
- 戦略立案で最も肝要なのは、資源優勢を確立すること。

2．資源優勢を見通すスキル

- 資源優勢の判断では、異なる単位を乗り超えてバランスを見通す点が難しい。
- プロフェッショナルには、こうした単位の違いを乗り超えるスキルが必要。

3．固有資源の問題

- 固有資源の利用は理想的だが、やみくもにこだわらず、資源優勢を確立できる選択が優先される。
- 正攻法でうまく見通せない場合、固有資源をもとに目的を再解釈するアプローチが有効な場合がある。

4．ジャイアントキリング

- 弱者が強者を倒すジャイアントキリングも、資源優勢を探すことで可能になる。固有資源の使い方が重要になることがある。

5．資源優勢が確立できない場合

- 資源優勢が確立できなければ、目的を変更するか、資源を増強する必要がある。

ACTION & LEARNING

- 「自身の経験、ビジネス誌の記事などを『目的と資源』の観点で整理し直し、どのような資源優勢を確立できたのか」についてまとめます。
- その事例について、チームで議論して気づきや学びを共有しましょう。

(演習Ⅲを参照してください)

演習Ⅲ

資源の探索と資源優勢についての事例ディスカッション

3つ目の演習課題は、「自身の経験、ビジネス誌の記事などを『目的と資源』の観点で整理し直し、どのような資源優勢を確立できたのか、800字で説明せよ」というものです。同じ事例やテーマを繰り返し選ぶことで、理解の深さや、スキルの進捗を確認するのも効果的です。

ビジネス誌や業界新聞に掲載される成功事例では、担当者のコメントや記者の分析が成功要因として紹介されることがよくあります。もちろん、その内容をそのまま受け取ることも重要です。しかし、担当者の言葉がすべて真実とは限らない点にも注意が必要です。

例えば、長寿の秘訣として「毎日の晩酌とタバコ」といった答えが返ってくることがありますが、それが本当の長寿の理由かは不明です。同様に、プロジェクト担当者が信じる道と、広報用の発言、そして実際に再現可能な成功要因は必ずしも一致しない可能性があります。

「第4章：おまけ」で示しているように、自分の経験や他者の成功事例を学ぶ際には、「働きかけ方（手法）」と「その背後にある仕組み」を区別するようにしましょう。これにより、得られる経験値をさらに高めることができます。

ステップ5／文章に書く

資源優勢が見つかった時点で、戦略の骨格は整っています。戦略を持つ意義のひとつは、組織が一丸となって取り組める点にあります。そこで、資源優勢をもたらす戦略を、簡潔に文章化しましょう。

文章化する理由

個人で進めるプロジェクトでも、しばしば目的や方針を見失い、目の前の作業に没頭してしまうことがあります。チームで動く場合は、なおさらです。目的をＳＭＡＣで記述するのも、ひとつはチーム全体で目的を共有するためでした。戦略を文章に表すことで、メ

図表2-10

文章化のテンプレート

いつまでに、

収益目標を達成するために

再解釈した目的を実現するべく

活用すべき優勢な資源に集中・注力する

ンバー全員が共通の理解を持ち、組織全体の運用効率が向上します。

文章化のテンプレート

戦略を「目的と資源」というシンプルで強力な要素で定義づけられました。そこで、この2点をうまく反映できるよう、文章化のテンプレートを用意しました（図表2-10）。

戦略のように高度な思考のアウトプットがひとつのテンプレートだけで完成するわけもありませんが、70％程度の精度で草案づくりには使えると思います。ひとまず、このフォーマットに沿って戦略を記述してみてください。

本講座で提供する戦略記述テンプレートは、以下のような構成をしています。

①［いつ］までに、
②［収益目標］を達成するために、
③［再解釈した目的］を実現するべく／を目指し、
④［活用すべき優勢な資源］に集中・注力する。

構成と書き方の注意点

まず①に、目的達成の期限を示し、投下可能な時間という資源を明記します。最初に時間を定めておくことで、後の記述がスムーズになります。

次に、②でSMACを用いて目的を記述します。OAT（目的明確化表）の左端にある大目的、もしくはその次の段階を示すことが多いです。ここでは「収益目標」として表現していますが、これは収益上の目的を「収益目標」と呼ぶ慣習に基づいています。もちろん、収益目的や経営上の目的と記述しても問題ありません。非営利組織の場合は、収益目的に代わるパーパス（存在意義）などをSMAC形式で記述してください。

そして、③では、ステップ4で確認した資源優勢をもたらす［目的の再解釈］案を記述します。複数の解釈案を書きたくなるかもしれませんが、第3章その3で詳述する「選択と集中」という原則が非常に重要です。

選択に迷う場合、ブランドや消費者、ビジネスに対する理解が十分でない可能性があります。十分に理解・分析し、最も資源優勢を確立しやすい解釈案に絞り込みます。ここでオプションを残すと、実行段階で混乱を招くリスクがあります。

最後に、④で目的達成において決定的な役割を果たすと期待される資源を記述します。固有資源が出てくることも少なくありません。

この段階で戦略がほぼ完成することもありますが、通常はこの草案をベースに微調整を加えていきます。最終的な戦略文章を仕上げる際には、再度、資源優勢が確立されていること、少なくともその可能性が最も高められていることを確認しましょう。

記入例：その1（トライアル獲得のケース）

理解を深めるために、具体的な記入例を示してみましょう。

①［今会計年度末］までに
②［売り上げ10億円］を達成するために、
③［既存の愛用者に似た新規顧客を1万人増加］するべく、
④［愛用者の高い満足度を再現するブランド体験を、ターゲットの3万人に提供］する。

この例では、目的を再解釈した結果、②の「売り上げ10億円」という収益目標が、③の「愛用者を新規に1万人増加」へと単位が変わっています。そして、④では新規1万人の愛用者獲得のために、3万人にアプローチするという指針です。そして、優勢が想定されている資源は、「愛用者の満足度を再現できるブランド体験」です。

既存愛用者とよく似た属性を持つターゲットに対して、「愛用者の満足度を再現するブランド体験」を提供できれば、新たな愛用者となる可能性が高そうです。もしも事前に小規模な実験を行っておけば、3万人よりも少ないターゲットで実現できる可能性もあります。

ブランド体験の提供については、消費財であればサンプリングやイベント、アプリやサービスであれば期間限定の体験キャンペーンなどの具体的な施策が考えられます。この戦略では、サンプルを無作為に大量に配布する必要はありません。その代わり、ブランドへの愛着につながる、「高い満足度を再現する、魅力的なブランド体験」を提供する施策を設計しなくてはなりません。

例えば、1回の試用では購入意向が40%だった場合でも、1週間使用すると60%に改善することが分かっていれば、1週間分のサンプルを提供しましょう。また、複数アイテムの同時使用で高い満足度が得られるスキンケアブランドであれば、複数アイテムをセットで提供するべきです。家族で使うことで満足度が高まる場合には、家族分を提供することが望ましいでしょう。

新規顧客獲得と聞くと、認知を拡大しリーチを高め、可能な限り多くのトライアルを集めようと考えがちですが、無駄も多いものです。自ブランドのユーザーをよく把握していれば、「既存の愛用者によく似た人たち」を目的の再解釈とし、「愛用者が満足しているブランド体験」を資源として、新規愛用者を獲得することが可能です。

記入例：その2（リピート促進のケース）

もうひとつ、今度は利益率を改善します。

①「今会計年度末」までに
②「利益率を5％から6％に改善する」ために
③「ユーザーのリピート率（再購入率）を30％から45％に改善」することを目指し、
④「家族間の使用共有」に注力する。

ここでも、②の「利益率を5％から6％に改善する」という目的が、③の「ユーザーのリピート率を30％から45％に改善する」へと再解釈され、単位が変化しました。％という形式は変わりませんが、「円」に関する利益率が、「人」に関するリピート率へと意味が変わっています。

リピート率向上を目指して、④では［家族間の使用共有］を資源として認識しています。家族全員で使うことでリピート率が高まるブランドは少なくありません。例えば、消臭剤のファブリーズでは、親だけでなく子供たちも使い始めたことで使用量が増加しました。食べ物や飲み物でも有効な場合があります。

「利益率の改善」を求められると、多くの人が「コスト削減」を考えがちですが、利益率の改善にもさまざまな方法があります。新規顧客の獲得にはマーケティング予算がかかり、初回購入から利益が出るとは限りません。利益率改善のために「リピート率の向上」を目的の再解釈とし、「家族間での共用」を資源として、利益率を改善することができます。

本項では記入例で「トライアル獲得」と「リピート促進」のケースを紹介しました。「トライアル」や「リピート」など、マーケティングやブランディングの具体的な考え方やアプローチに関心をお持ちの方は、拙著『The Art of Marketing マーケティングの技法』をご参照ください。第1章にはストーリー仕立てで2ブランドの事例を紹介しているので、追体験することができると思います。

文章の検証

戦略を文章にあらわしたら、①関係するメンバーの誰が読んでも同じ理解ができるか、②自分たちはすべきことと、すべきでないことの判断ができるか、確認しておきましょう。特に、すべきでないことが明確であることは、資源の浪費を防ぎ、集中を促すのに重要です。

第2章 ステップ5のまとめ

1．戦略の文章化の意義

- 目的や戦略を見失わず、チーム全員で目的を共有する。

2．テンプレートの基本構造

①［いつ］までに、
②［収益目標］を達成するために、
③［再解釈した目的］を実現するべく／を目指し、
④［活用すべき優勢な資源］に集中・注力する。

3．戦略の最終調整

- テンプレートに従って記述することで、戦略のたたき台をつくることができるが、最終的な文章化には、立案者の思考や推敲が不可欠である。
- 調整の際には、資源優勢が確立されているか再確認すること。

ACTION & LEARNING

- テンプレートを使って戦略を文章化してみましょう。
- 組織によって、テンプレートの項目に不足が生じる場合があります。例えば、文章化した戦略に測定指標/KPIなどを併記することがあります。自社や自ブランドに適した項目を追加・調整して、フォーマットを最適化しましょう。

ステップ6／組織に展開する

せっかく戦略を策定し文章にしたのに、使われずにどこかにしまわれたままでいることがあります。戦略が絵に描いた餅にならないためには、文章化した戦略を組織に展開しなくてはなりません。

戦略を実行する≒自分ゴト化する

戦略をメールやイントラネットで関係者に共有し、大規模な会議で中期経営戦略が発表される場面をよく見かけます。しかし、文章で戦略を読み、会議で話を聞くことと、戦略を「理解する」ことは同じではありません。ましてや、実行に移すのはさらに困難です。

戦略が理解され、実行に移されるには、メンバーが戦略を「自分ゴト化」することが不可欠です。「展開する」というのは、まさに組織のメンバーが戦略を自分ゴト化することを指しています。そこで、自分ゴト化を促す3つの方法についてお話ししたいと思います。

自分ゴト化の方法①：役割を与える

1つ目の方法は、戦略に基づいて各メンバーが何をすべきか明確にします。全社や事業部の戦略を実現するために、自分が具体的に何をすれば良いのか分かれば、メンバーは戦略の実行に貢献できます。

上司から役割を指示するのも簡潔で効果的な方法ですが、メンバー自身が考える時間を設けることにも大きな意義があります。チームやグループごとに集まり、戦略に基づいて、最初の3カ月や1年間で自分たちが何をすべきかを話し合いましょう。最終的に上司に提案して承認を受けるのも有意義です。上司が議論に参加すれば、チーム全体に一体感が生まれそうです。

行動プランが全体の戦略と一致しているか、チーム同士の活動に矛盾がないか、お互いに連携しやすいか、など確認しておきましょう。

自分ゴト化の方法②：人事評価に組み込む

戦略の実行にＫＰＩ（業績評価指標）を設定し、それを人事評価に組み込みましょう。個人の実績や成果に基づいて能力を評価することは重要ですが、それだけでは戦略との一貫性を確認するのは難しい場合があります。

特に、組織が大きくなると、目的レベルでも個人と組織が乖離しやすくなります。組織が一体となって活動し、全体最適を図るためにも、個々人の活動計画と戦略の一貫性が重要です。

具体的には、個々の活動計画が戦略のどの部分に関連しているかを、ＫＰＩとともに明示しておきます。活動が成功すれば、その分だけ戦略に貢献していると実感できます。組織が大きくても、戦略を自分ゴトとして考えられるようになるでしょう。もし戦略と関連しない活動があれば、それは再検討すべき活動です。戦略に含めるか、活動リストから除外する判断が求められるかもしれません。

自分ゴト化の方法③：参加する

ブランドへの愛着を深める方法のひとつに、「ブランドへの参加」があります。例えば、ブランドのイベントに参加したり、新商品選定の投票に加わったり、自分なりにカスタマイズすることも参加の一形態です。

これと同様に、組織に対しても参加意識が高まると愛着が増します。戦略策定やその展開に参加している実感があると、戦略を自分ゴト化しやすくなります。

戦略策定に直接参加するのが理想ですが、その他にも準備や調査、策定後の展開など、戦略に関わる仕事は多岐にわたります。すでに戦略立案に関与している場合、自分の役割と戦略の関係を上司が明示してあげるだけでも、自分ゴト化を促すことにつながります。

第2章　ステップ6のまとめ

1．戦略の実行＝自分ゴト化

● 戦略を文章化しても、実行されなければ意味がない。組織のメンバーが戦略を「自分ゴト化」することが不可欠。

2．自分ゴト化の方法

①役割を与える
②人事評価に組み込む
③参加する

ACTION & LEARNING

- 次回、新しい戦略を立案し、組織に展開する時、どのような方法を採用すれば最も自分ゴト化を強められるか、考えてみましょう。

CHAPTER

03

WHAT
IS
STRATEGY?

「戦略に関わる6つのポイント」についての60分

ここまで、戦略の基本的な考え方についてお話ししてきました。「戦略とは何か」という理解に基づいて、戦略を立てる際に考えるべきことが明らかになりました。すなわち「目的と資源」に着目し、「資源優勢を確立する」ことを意識します。6つのステップを参照することで、順序立てて戦略を立案し、組織に展開する準備も整ったと思います。

とはいえ、戦略立案の実践では、経験の多寡によってさまざまな差がつきます。この章では、そうした差につながる経験則や注意点などを整理していきます。

他の技術と同様、すぐに熟達するのは難しいかもしれませんが、戦略から派生する周辺の概念を整理し、資源優勢を確立するための定石を理解することで、経験値を効率よく稼ぎやすくなるでしょう。先輩たちが10年かけて身に着けたものを、後輩が5年で修得できるようになるためには、こうした経験則やコツの共有が役に立ちます。

まずは戦略を持つことの意義を理解するために、

①「戦略の意義と効用」を概観し、

②「戦略と実行」の関係についてお話しします。

戦略を立案し、展開するのはエネルギーのいる仕事ですが、意義を理解することは正当な動機づけになると思います。

次に、立案のコツについて触れておきます。よく耳にする

③「選択と集中」の考え方と、

④典型的な誤用例として「ダブルパンチ症候群と全砲門一斉開放症候群」について説明します。

最後に、戦略を理解することから派生するテーマとして、

⑤人材や組織の「強さと優秀さ」と、

⑥戦略に熟達するための「練習の仕方」を説明します。

その1／戦略の意義と効用

戦略をないがしろにしないために

残念なことですが、実務では、戦略が軽視されることがあります。特にワンマンタイプのリーダーのもとではその傾向が強いかもしれません。リーダーの頭の中には明確な目的や資源の見通しがあるにもかかわらず、それが組織に伝わらず、「とにかくすぐやれ」という指示だけが飛び交うこともあります。

一定規模までの組織では、この方法でも通用することがありますが、統率する組織が大きくなると限界が出てくるかもしれません。課長まではうまくいっていたのに、部長になった途端に苦戦する、というようなケースです。

うっかり戦略を軽んじる理由のひとつに、その意義や効用が理解されていない点が挙げられるかもしれません。そこで、戦略をきちんと運用できるよう、意義と効用を整理しておきましょう。意義とは、戦略そのものの価値に関するもので、効用はそれを使う人たちにとって、得られるメリットに関するものです。戦略の意義や効用について、すでに理解している場合はこの項は読み飛ばしても構いません。

戦略の11の意義

戦略の意義を具体的に挙げると、11個に分類できますが、どれも「目的と資源」に関連しています。ここでは、紙幅の都合上、簡潔に説明します。詳しく知りたい場合は、拙著『なぜ「戦略」で差がつくのか。』の第4章 戦略の効用（161ページ）を参照してください。

意義①：成功確率が上がる

戦略があると、資源優勢を確立できるため、場当たり的な活動を続けるよりも、資源の無駄遣いを防ぎ、目的達成の可能性が高まります。

意義②：目的のより良い達成が可能になる

戦略を通じて、目的をより効率的に、あるいはより大きく達成することが可能です。これは、目的を超過達成するか、もしくは計画よりも少ない資源で達成することを指します。

意義③：良い失敗で経験値を獲得しやすくなる

良い失敗とは、緒戦の失敗で一部の資源を失いつつも、得られた経験を知識として資源に加え、次回の挑戦で目的達成の可能性を高められることを指します。最初の挑戦で全資源を使い切らないことや、失敗から学んだ教訓を次に活かすための振り返りの重要さなどが示唆されます。

意義④：再現性の確保

目的を再解釈し、資源との関係から資源優勢を見通せているということは、目的達成のための道筋や仕組みが理解できているということです。仕組みが理解できていれば、成功を再現させることもできそうです。

意義⑤：意識的に理解する

漠然とした無意識の暗黙知を、目的や資源、戦略を通して明確にすることで、形式知として表出し、有意識下で管理できます。個人だけでなくチーム全体の集合知を整理しやすくなるので、組織の知的資源が強化されます。

意義⑥：パニックを防ぐ――一貫性を担保する

パニックとは、何をすべきか分からない状態です。戦略が明確であれば、どのような状況でも「やるべきこと」が分かるため、パニックを防ぐことができます。よしんば一時的に冷静さを失ったとしても、なすべきことが分かっていればパニックから回復できます。

意義⑦：自損事故を防ぐ

経験的には、ビジネスの失敗の多くは、自損事故やオウンゴールによるもので、必ずしも競争に敗れたことによる失点ではないように思います。つまり、準備不足や活動間の連携が欠如していることが原因です。戦略が明示されていれば、こうした自損事故を未然に防ぐことができます。

意義⑧：意思決定を助ける

意思決定とは、取捨選択の過程です。その本質的な難しさは「何を捨てるか」を決めることにあります。重要な要素を捨てるのは難しく、説明責任も伴いますが、戦略が明確であれば、合理的な判断を支え、感情に流されずに意思決定を進められます。

意義⑨：目的を共有する

戦略を示すことで、目的そのものだけでなく、目的達成への道筋についてもチーム全体で合意しやすくなります。これにより、全員が同じ方向に向かって行動できるようになります。

意義⑩：摩擦を下げる

組織内のさまざまな軋轢《あつれき》は、戦略を明示することで軽減できます。『戦争論』を著したカール・フォン・クラウゼヴィッツは、このような組織内の軋轢を「摩擦」と呼びました。例えば、マーケティング部門が営業部門に100伝えたつもりでも、実際には70や50しか伝わらないことがあります。これは意図的ではなく、共通言語の欠如や異なる文脈が原因です。戦略を明文化し、共有することで、部門間の意思疎通が円滑になります。

例えば、「売り上げ増加のために、既存ユーザーの使用量の拡大を目指して、大容量商品の新規導入に注力する」という戦略が共有されていれば、営業部門にも新商品が新規顧客獲得のためではなく、既存ユーザー向けであると伝わります。その結果、既存店舗への配荷が優先され、部門間の連携がスムーズに進むでしょう。阿吽《あうん》の呼吸は人間関係でつくることもできますが、戦略の共有によってもこうした連携を実現することができます。

日常生活でも摩擦の例を見つけられます。例えば、携帯電話がつながりにくい状況を想像してください。「正午に名古屋駅で集合」と合意していた友人から、「ごめん！　いまキヨ…」で切れた場合、彼が関西から新幹線で来ることを知っていれば「京都にいて少し遅れる」と理解できますが、これが共有されていなければ、「謝っている」ことしか伝わりません。戦略が共有されていることで、断片的な情報でも意思疎通が成立しやすくなります。

意義⑪：権限委譲を助ける

戦略に合意できれば、マネジメントは過度に細部に介入することなく、現場は戦略の範囲内で自由に動けるようになります。これにより、VUCA（変動性、不確実性、複雑性、曖昧性）と呼ばれる予測困難な環境にも自律的に対応しやすくなります。

戦略の3つの効用

これまで11個の意義を挙げましたが、すべてを覚えるのは難しいでしょう。そこで、戦略の「効用」を3つのグループにまとめてみます。3つなら何とかなりそうです。

効用①：成功しやすい

意義①～④は「成功しやすい」という効用にまとめられます。

再現性のある目的達成の仕組みを理解し、たとえ緒戦で失敗しても経験値として資源が増え、成功率が上がります。また、より効率的な目的達成も可能になるでしょう。

効用②：意思決定が安定する

意義⑤～⑧は「意思決定が安定する」という効用にまとめられます。

暗黙知を形式知に変え、パニックや自損事故を防ぎます。また、やらないことを決めるのが感情的に難しくても、合理的な説明ができるため、意思決定がスムーズになります。

効用③：組織運営が安定する

意義⑨～⑪は「組織運営が安定する」という効用にまとめられます。

英語にArmy of Peopleという表現があります。これは「人々の軍隊」ではなく、「目的を達成するために組織的に動く大勢の人々」という意味です。軍隊組織はとても大勢の人で構成されているので、その連想を使った表現だと思われます。

戦略という言葉は軍事思想に端を発しますが、それは軍事目的の達成だけでなく、「組織的に動く大勢の人々」が規律正しく、よりよく団結し、行動するためにも重要な概念であるからだろうと思います。効用③はその側面を捉えています。

第3章 その1のまとめ

戦略には全部で11の意義があり、3つの効用にまとめられる。

戦略の意義（全11点）

1 成功確率が上がる

資源優勢を確立するため、場当たり的な活動よりも成功しやすい。

2 目的のより良い達成

目的の超過達成や、資源の節約が可能になる。

3 良い失敗から学ぶ

一部の資源を温存した上で、失敗から得た経験を次に活かせる。

4 成功の再現性が高まる
仕組みが理解できることで、成功の再現が可能になる。

5 意識的に理解する
暗黙知を形式知化し、集団で知識を共有し、知的資源を強化できる。

6 パニックを防ぐ
明確な行動方針が示されることで、パニックを回避しやすくなる。

7 自損事故を防ぐ
準備不足や連携ミスを防ぎ、自損事故のリスクを減らす。

8 意思決定を助ける
難しい取捨選択を合理的に進め、感情的な判断を避けられる。

9 目的の共有がしやすくなる
戦略が明示されることで、チーム全体で目的を共有しやすくなる。

10 摩擦を減らす

組織内の摩擦を軽減し、意思疎通を円滑にする。

11 権限委譲を助ける

戦略に合意すれば、現場は自律的に対応でき、管理者は細部に介入せずに済む。

戦略の効用（全3点）

1 成功しやすい

再現性のある目的達成や、失敗からの経験を活かすことで成功率が向上する。

2 意思決定が安定する

合理的な意思決定ができる。

3 組織運営が安定する

戦略を通じて組織全体が一丸となり、規律正しい行動が可能になる。

ACTION & LEARNING

- 最近立案した戦略について、11の意義や3つの効用の中で、最も大きな影響を与えたものを振り返りましょう。どの意義や効用が特に役立ったのかを考えてみてください。
- その事例をチームで議論し、気づきや学んだことを共有しましょう。

その2／戦略か、実行か

「戦略がどれだけ優れていても、実行しないと意味がない」のは自明ですが、この延長線に、「だからグズグズ言ってないで、すぐに行動だ。われわれは戦略よりも実行で勝負だ」という号令がかかることがあります。よほどの幸運に恵まれない限り、この方法では目的を達成するのは困難です。目的達成のために資源を効果的に使えるはずがないからです。

そこで、戦略と実行の関係について考察していきましょう。

マンシュタインのマトリックス

戦略に関連して、「マンシュタインのマトリックス」という概念があります。エーリッ

図表3-1

マンシュタインのマトリックス

	利口	愚鈍
勤勉	参謀	解任
怠惰	指揮官	頭数

ヒ・フォン・マンシュタイン（1887－1973）が考案したといわれることが多いのですが、実はハンス・フォン・ゼークト（1866－1936）やクルト・フォン・ハンマーシュタイン＝エクヴォルト（1878－1943）が元だという説も存在します。

どれが本当かは不明ですが、マンシュタインが最も有名であるため、彼の名前がよく使われるようです。ここでは便宜上、「マンシュタインのマトリックス」として説明を続けます。

この3人のいずれが考案者であっても、彼らは皆、陸軍元帥や参謀総長といった軍の重要な役職に就いていました。そして、このマトリックスは、部下の将軍たちをどのように人事配置すべきかを示唆したものです。

「利口で勤勉」な者は、「参謀職」に就けよ、という示唆があります。本講義で説明しているように、戦略を立案する際には、目的の再解釈案として複数の戦略案を用意します。軍隊でも同様に、参謀は複数の代替案を考えることが期待されます。最終的に採用されるのは1つですが、実際に立案してみなければ、どの案が最適かは分からないこともあるでしょう。また、戦略立案では細部に宿る神や悪魔にも注意を払う必要があります。したがって、参謀には利口であるだけでなく、勤勉であることが求められるのです。

「利口で怠惰」な者は、意思決定を任される「指揮官」に最適だとされています。怠惰であるため、あれこれ手を広げず、ひとつに集中しやすいからだと説明されると、納得感があります。

「愚鈍で怠惰」な者は、余計なことをせず指示通り動くため、頭数として使えると示唆されています。どの組織にも、決まった作業をこなすために一定数の人員は必要です。

一方、「愚鈍で勤勉」なグループは、非常に警戒すべきだとされています。間違ったことを一生懸命進めてしまい、かえって組織に災いをもたらしそうです。同じドイツの詩人ゲーテが「活動的な馬鹿ほど恐ろしいものはない」と言ったとされる話も、これに通じる考えかもしれません。

こうした人材配置の考え方は示唆に富んでいますが、本講座で特別に支持するものではありません。利口や愚鈍、勤勉や怠惰といった特性は相対的で、環境に大きく依存するため、これを判断基準として活用するのは難しいかもしれません。実際、このアプローチを実践している組織を見たことはありません。

ではなぜこの考え方を紹介したのかというと、戦略と実行の関係について、興味深いヒントを与えてくれるからです。特に、「愚鈍で怠惰」よりも「愚鈍で勤勉」を避けたいという点は、示唆的です。

マンシュタインのマトリックスを参考にして、次のようなマトリックスを描いてみまし

図表3-2

戦略と実行のマトリックス

戦略重視

	良い戦略	ダメな戦略
良い実行	❶	❸
ダメな実行	❷	❹

実行重視

	良い戦略	ダメな戦略
良い実行	❶	❷
ダメな実行	❸	❹

第3の観点

	良い戦略	ダメな戦略
良い実行	❶	❹
ダメな実行	❷	❸

た（図表3－2）。ここでは「利口／愚鈍」の代わりに「良い戦略／ダメな戦略」を、「勤勉／怠惰」の代わりに「良い実行／ダメな実行」を配置しました。この4象限について、「目的の達成に際して好ましい順に番号をつけよ」という問いに答えてみます。

戦略重視

最初のケースは「戦略重視」な考え方です。1番は「良い戦略・良い実行」、2番は「良い戦略・ダメな実行」、3番は「ダメな戦略・良い実行」、そして4番は「ダメな戦略・ダメな実行」という順番です。組織によりますが、通常2〜3割の方がこの順番を支持されます。特に戦略講座の参加者であれば、一般の組織よりも戦略重視が多くなるかもしれません。

実行重視

次いで、「実行重視」の考え方です。「両方とも良ければ1番、両方ともダメなら4番」という点は［戦略重視］と同じですが、2番と3番の順番が入れ替わります。実行重視の考え方では、ダメな戦略でも良い実行ができれば2番、良い戦略でも実行がダメであれば3番です。

この順番を支持する人は、全体の6〜7割に達することが多いです。冒頭で述べた「われわれは実行で勝負する」という主張の根底には、この考え方があるのかもしれません。

第3の観点

ごく少数派の、5%〜10%の人が支持するのが、この第3の考え方です。両方とも良ければ1番、戦略が良ければ2番という点では「戦略重視」と同じですが、3番と4番が逆転します。つまり、ダメな戦略で良い実行を最も低く評価します。これは「愚鈍な勤勉」を避ける判断です。参謀と指揮官の優劣を論じる意図はまったくありませんが、勤勉さが常に怠惰に勝るわけではないのと同様、良い実行も常に称賛されるとは限りません。

この議論から分かることは、「目的を達成しようと思えば、戦略を良い実行で遂行しなくてはならない」という自明の結論です。ただ、常にこれが実現できるわけではありません。

そこで、次善の選択肢をどう考えるか、という議論は戦略と実行の関係を理解するヒントとなるでしょう。戦略も実行も良ければ緒戦を勝利で飾れます。次善の策とはすなわち、緒戦で敗れても、2回戦で挽回のチャンスがあることを示しています。これは戦略を持つことの「意義③良い失敗で経験値を獲得しやすくなる」に関連しています。

つまり、良い戦略・良い実行を成し遂げられなかった場合でも、実行がダメであれば、まだ資源が残っているかもしれません。もしくは、ダメージがうまく抑制されている可能性があります。つまり、挽回の可能性が残されています。

日常生活の例

本当にそうなのか、日常生活に事例を求めてみましょう。この話はP&Gジャパン（本社は神戸）に勤めていた時にもよく使っていたので、大阪から東京に向かう話です。良い戦略・良い実行は、「東京行きの新幹線を選択し、予定通りに乗る」だとしましょう。

良い戦略・ダメな実行は、「その新幹線に乗り遅れる」です。この時点で、時間通りには到着しませんが、本数が多いのでまだ挽回できる可能性はあります。挽回もそれほど難しくありません。遅れることはあるにせよ、追加資源もそれほど必要ではありません。

ダメな戦略を「福岡行きの飛行機を選択する」とした時、ダメな実行は「その飛行機に乗り遅れる」です。時間だけでなく、羽田行きのチケットを買い直したりするのに余計なお金もかかりますが、まだ目的地にたどり着く可能性は残っています。

図表3-3

戦略と実行の関係を理解する

	良い戦略	ダメな戦略
良い実行	目的を**達成できる**	目的を**達成できず、挽回しにくい**
ダメな実行	目的を**達成できない**が、**挽回しやすい**	目的を**達成できない**が、**挽回しやすい**

ダメな戦略・良い実行は、「福岡行きの飛行機を選択し、予定通りに乗る」です。目的である東京には到達せず、また挽回もきわめて困難です。

東京に行くのに福岡行きの飛行機に乗るなんてことはない、と思われるかもしれませんが、あくまで理解を促すためのたとえ話ですので、念のため。

ここで得るべき重要な教訓は2つあります。第1に「戦略と実行はどちらが重要か、ではなく、両方がそろって初めて目的が達成されるのだ」ということです。第2に「ダメな戦

図表3-4

ケース：大阪から東京に向かう場合

	良い戦略	ダメな戦略
良い実行	東京行きの**新幹線に乗る**	福岡行きの**飛行機に乗る**
ダメな実行	東京行の**新幹線に乗り遅れる**	福岡行きの飛行機に**乗り遅れる**

略でどれだけがんばっても、損害の拡大こそあれ目的の達成は難しい」ということです。

レシピが間違っていたら、どれだけがんばって料理しても、うまくできそうもありません。進む方向を間違えていたら、どれだけ上手に運転しても、目的地には到着できません。

とはいえ、例外①

この大阪から東京に行くケースで説明を続けます。「福岡行きの飛行機に乗れ」という戦略が採用されているにもかかわらず、「東京行きの飛行機に乗る」という実行がなされると、無事に東京に到着できます。示された戦略の間違いに現場がたまたま気づいたか、あるいは戦略通りに実行できなかったのか。いずれにしても、結果として目的は達成されましたが、戦略立案に関わる労力が無駄になり、再現性も期待できません。

もしこうした事態をもって「われわれは実行で勝負する」と考えているのだとしたら、戦略策定から実行に至るまで、組織全体のオペレーションを見直すべきでしょう。効果も効率も、そして成功の再現性も高められると思います。

さらに、例外②

戦略の意義⑦で自損事故の回避の話をしましたが、競合の失点が自社や自ブランドの得点になることがあります。サッカーでは、相手チームのオウンゴールであると分かりますが、ビジネスでは必ずしも自明ではありません。もし自社が新商品を展開したり、販促活動を行っていたりするなら、競合のミスよりも自分たちの努力の成果だと考えがちです。

運も実力のうちかもしれませんが、競合が同じ間違いをしてくれない限り、次回はうまくいかないでしょう。市場自体が縮小も拡大もせず、ゼロサムゲーム（参加者間での得点と失点の合計が一致する、つまり足すとゼロになる競争のこと）を戦っているような市場では、競合のミスがそのままこちらの得点になります。

例えば競合が品切れを起こしている場合には、こちらが販促活動で失敗していても売上げが伸びることがあります。目的を達成できている時にも、再現性を確認するなど注意が必要です。

第3章 その2のまとめ

1. 戦略と実行の関係

- 通常、良い戦略を上手に実行できて初めて目的を達成できる。

2. マンシュタインのマトリックス

- ダメな戦略を懸命に実行することは、成功よりも損害拡大につながる可能性がある。

ACTION & LEARNING

- 過去の成功事例について振り返り、その要因が「戦略」だったのか、「実行」だったのか、あるいはその両方だったかを考えてみましょう。
- 同様に、失敗例についても振り返り、原因を考察してみましょう。
- その事例について、チームで議論して気づきなどを共有しましょう。

その3／選択と集中

第2章ステップ5の中で、「選択と集中」という表現を使いました（162ページ参照）。戦略の議論では頻出のキーワードですが、本講の用語を使うなら「『選択と集中』とは、目的の再解釈案を『選択』し、資源優勢を確保するために資源を『集中』して運用すること」と説明できます。

なぜ「選択と集中」が重要なのか

選択肢を広げると安心感を高められますが、その結果、各選択肢に投下できる資源が分散してしまいます。ひとつの選択肢に絞れば、すべての資源をその一点に集中できますが、二兎追うものはどちらにも資源の半分ずつしか使えません。この説明で十分なら、ここから先は飛ばして221ページに進んでください。もう少し説明が必要な場合は、続きをお読みください。

なぜ「集中」が難しいのか

『マーケティング22の法則』を書いたアル・ライズは、『フォーカス』という書籍でフォーカス（集中）することの重要性を説いています。また、クラウゼヴィッツの『戦争論』にも、「全兵力を同時に使用することが作戦の最も重要な要点だ」という趣旨の記述があります。各界の専門家たちが異口同音に「集中」を強調しています。

それにもかかわらず、「選択と集中」は軽視されることが少なくありません。どうやら、私たちは選択肢が多いと安心するという本能を持っているようです。「集中」を苦手とするのは、あるいは生理現象なのかもしれません。

望ましくない本能に対処するには、理性の力を使いましょう。「資源が薄まる」という理屈に加えて、ここではランチェスターの法則とパレートの法則を使って、「選択と集中」を支持する理性を補強します。

ランチェスターの法則

イギリスのフレデリック・ランチェスターが提唱した戦闘における兵力損耗を予測する数理モデルで、2つの法則から成り立っています。

第一の法則は、1対1の戦闘を前提としています。機関銃のように複数の敵を同時に攻撃できる兵器ではなく、剣やピストル、単発のライフルなどによる戦闘を対象としています。この場合、兵力は単純に実数の比較です。5人対3人の戦闘でなら、その比率は5対3です。

第二の法則は、1対多数が可能な戦闘を対象としています。例えば、機関銃や大砲のように連射や広範囲の攻撃が可能な兵器による戦闘です。ここでは、兵力の比較は2乗で計算します。5人対3人なら、5^2対3^2、つまり25対9です。この場合、もとの5対3の比率よりも差が広がり、大きい側の有利が拡大されることが分かります。

ビジネスへの適用

ビジネスの視点に戻りましょう。あなたのビジネスはランチェスターの第一法則に支配されているのか、それとも第二法則に支配されているのか、考えてみましょう。

第一法則に基づくビジネスは、アウトプット（成果）を高めるためには、それに比例してインプット（投入）を増やさなければなりません。個人商店が主流だった時代には、この第一法則に従うビジネスが中心でした。例えば、商品をもっと多くの店に配荷するためには、商談の数を増やさなければなりません。そのためには、営業マンを増やす必要があります。同様に、チラシを使った広告では、3倍のリーチを目指すなら、3倍の枚数と人員が必要です。

一方、現代の多くのビジネスは第二法則に支配されています。全国チェーンの商談ひとつで、全国の店舗に商品を配荷できるようになれば、1対多数の関係が成立します。コミュニケーションにおいても、テレビCM1本で1000万人にリーチでき、動画1本で数十万人にリーチすることが可能です。メディア費はかかりますが、配布のための人員を増やす必要はありません。この原理は製造現場にも適用できます。手作業の製造は第一法則に従いますが、大量生産を行う工場は第二法則に従います。

戦力比の思考実験

ある市場で、AブランドとBブランドが競合しているとします。両ブランドが保有する資源量が100対100です。つまり、双方が同時に全資源を投下すれば、戦力は互角で引き分けです。この状況で、資源を分割して投入することが、それぞれの法則下でどのように作用するか、見てみましょう。

Aブランドは資源を2つに分割し、最初に50を投入し、その後に残りの50を追加投入します。Bブランドは資源を分割せず、100をすべて投入して対峙します。

第一法則：1対1の環境

第一法則下での戦力比は実数比です。最初の戦いはA：B＝50：100で、50ずつ相殺されると、A：B＝0：50です。次にAが残りの50を追加投入すると、A：B＝50：50、さらに50ずつ相殺され、A：B＝0：0です。

もともとが100：100であれば、分割してもしなくても結果は同じです。最終的には両社ともに資源を使い切り、結果は0：0です。第一法則では、資源を分割することにリスクはなさそうです。

第二法則：1対多数の環境

では、第二法則の場合はどうでしょうか。この法則では、戦力は2乗で比較されるため、Aブランドが50を投入すると、その戦力は50^2＝2500、Bブランドの100は$1^2$00＝10000となります。

最初の戦いで、Aブランドは2500の戦力を失いゼロになります。一方、Bブランドは2500の戦力を失っても7500の戦力が残ります。残った7500の戦力は平方根をとると、Bには87の資源が残ります。

次に、Aブランドが残りの50を追加しても、再び2乗で比較すると50^2：87^2で、2500：7500。さらに2500ずつ相殺されると、Aブランドは全資源を失い、Bブランドには5000の平方根、つまり71の資源が残ります。

もともと、AもBも資源は等しく100ずつ持っていました。しかし、第二法則の環境下では、Aが資源を分割して投入したことによって大きな差が生じ、Bブランドが圧勝する結果となりました。同じ資金や人員を持っていても、資源を分割したせいで完敗してしまうのです。

直感に反するもの

2乗比という概念は、直感的には理解しにくいものです。もともと資源が同じ量なら、分割して使うことがこれほど不利になるとは、実際に計算してみないと気づきません。むしろ、資源を分割することで「リスクを分散できる」と感じ、少し安心する可能性すらあります。柔軟に対応し、予期せぬ脅威にも備えられるように思えるからです。しかし、それは錯覚です。多くのビジネスはすでに第二法則の影響下にあります。

この比較を「[Aブランド]対[Bブランド]」ではなく、あるプロジェクトについて「[投下する資源量]対[目的達成に必要な資源量]」だと考えても、議論の本質は同じです。資源を不用意に分割し、逐次投入すると、資源を使い果たしたのに目的の7割が未達のまま終わってしまいます。ちょっとの分割が、著しく不利な状況をもたらしかねません。ついついやってしまいがちなので、恐ろしさを肝に銘じておきましょう。

パレートの法則

経済学者ヴィルフレド・パレートが発見した法則で、「80／20の法則」とも呼ばれます。もともとは、人口の約20％が国の富の約80％を所有していることを発見したことに由来しますが、こうした「少数（の入力）が大部分（の出力）を占める」という傾向は、富の分布だけでなく、多くの自然現象に当てはまります。

身近な例では、テレビのリモコンやパソコンのキーボードにもパレートの法則が当てはまります。電源ボタンやボリュームボタンなど、リモコンの特定のボタンや、スペースキーやエンターキーなど、キーボードの特定のキーは、よく使われるので早く摩耗します。

高効率のインプットに集中する

パレートの法則は、少数の入力が大多数の出力を生み出すことを示唆しています。したがって、大きな成果を得るためには、上位20%に資源を集中するのが効率的です。

上位20%の顧客が売り上げや利益の80%をもたらしているのであれば、その顧客を「選択」し、活動を「集中」すると効率が良さそうです。上位20%の商品が利益の80%を生み出しているなら、その商品は「集中」すべき対象です。

細かな話ですが、80／20の法則といいつつ、常に足して100になる必要はありません。ある飲料ブランドでは、8%のヘビーユーザーが売り上げ全体の43%を占め、16%のミドルユーザーが21%、残りの76%のライトユーザーは全体の36%でした。8%のユーザーが43%の売り上げをもたらすので、少数の入力が大きな出力を担いますが、8と43を足しても100にはなりません。

出力をもう少し高める

20%の努力で80%の出力であれば効率的ですが、80%の出力では足りないかもしれません。そこでもう一歩、踏み込んでみます。入力の残り8割のうちの上位20%、つまり全体の16%分を追加して合計36%分の入力を行います。出力側も残り2割のうちの80%、つまり16%分が増えて96%分の出力です。追加分は16%の入力で16%の出力ですから、効率は劣化していません。努力する甲斐はあります。

机上の計算にすぎませんが、計算上は、36%の入力で96%の出力です。かなり出し切れています。最も効率の良い部分から、少し踏み込んでみると、効率を落とさずに出力を上げられるかもしれません。

第3章 その3のまとめ

パレートの法則は80／20の法則とも呼ばれる。大きな出力につながる重要な入力に集中することで、効果や効率を高められることが多い。

1.「選択と集中」の重要性

- 資源を分割すると各選択肢に投下できる資源が減少してしまう。
- 選択肢が多いと本能的に安心を感じるように、私たちは生理的に「集中」を苦手とする。合理的でない生理現象に対しては、理性で対応する。

2.ランチェスターの法則

- 第一法則：1対1の戦闘では、兵力比は実数比のまま比較される。分割によるリスクはあまりない。

- 第二法則：1対多数の戦闘では、兵力比は2乗比で比較され、戦力差が拡大するため、分割による大ダメージがあり得る。そして、現代の多くのビジネスは第二法則の影響下にある。

3．パレートの法則（80／20の法則）

- 少数（の入力）が大部分（の出力）を占めることを示す法則。入力の上位20％が成果の80％を生むため、上位20％に集中することが効率的であると示唆する。

ACTION & LEARNING

- 自社の過去の実績やビジネス誌の記事から、ランチェスターの第二法則で説明できる「集中」の失敗、すなわち「資源の分割」による失敗例を探してみましょう。
- 自社の過去の実績やビジネス誌の記事から、パレートの法則を使って説明できる「選択」の成功例を探してみましょう。
- これらの事例について、チームで議論し、気づきや学びを共有しましょう。

その4／ダブルパンチと全砲門一斉開放

選択してひとつに絞り、そこに集中すれば良いかというと、実際の運用では少し注意すべきことがあります。実践でよく目にする2つの事象、「ダブルパンチ症候群」と「全砲門一斉開放症候群」を紹介しておきます。

ダブルパンチ症候群

右手のパンチの威力が100kg、左手のパンチの威力が50kgだったとします。では、両手でダブルパンチを打ったら150kgか。資源を集中しているように見えますが、なかなかそうはいきません。

直感的にはダブルパンチが難しいことは理解できますが、説明するのは意外と難しいものです。右手のパンチは、右腕だけでなく、体幹や足腰といった体全体を使っています。しかし、その体幹や足腰はひとつしかありません。たとえ左手が空いていても、右パンチと同時に左パンチを打つことはできないのはそのためです。無理に両手を使おうとしても、弱々しいダブルパンチになってしまいます。

ダブルパンチのビジネスへの応用

ビジネスでも、似たような状況が見られます。例えば、新商品Aが10億円、新商品Bが5億円の売り上げを見込めるとしましょう。A商品の導入を提案すると、「AもBも一緒に出せば15億円になるじゃないか」と言われることがあります。直感的には無理だと感じますが、うまく説明できないと「やる気が足りない」などと、理不尽なコメントを受けるかもしれません。

これを説明するには、「体幹と足腰がひとつしかないから、両手でパンチを同時に打てない」と同じ理屈をビジネスに当てはめる必要があります。そうでないと、「頑張ればできる」「根性が足らない」といった意見に押し切られてしまうかもしれません。では、ビジネスにおける「体幹と足腰」に該当するものは何でしょうか。

例えば、営業組織が該当するかもしれません。営業担当の商談時間を倍にできないなら、AかBか選ばざるをえません。あるいは、生産ラインやパッケージデザインのチームが「体幹と足腰」に相当することもあります。もしひとつのラインでしか生産できないなら、やはりどちらかを選ばなければなりません。マーケティング予算や人員も、同様に「体幹と足腰」に当たるかもしれません。

この部分がひとつしかないことを説明できれば、「では、その部分を倍にすれば2つの商品を出せるのか」という建設的な議論に発展するでしょう。営業を外注する、製造をOEMに依頼する、マーケティング予算を増やすなどの選択肢も検討できるかもしれません。追加の労力や費用が必要ですが、正当に2つの商品を出すことが可能になります。失敗が目に見えている両手パンチを打たずにすみます。

ダブルパンチの問題は集中ではなく選択できていない

賢明な皆さんはすでにお気づきかもしれませんが、ダブルパンチの根本的な問題は、両手に「集中」できないことではなく、右か左かを「選択」できていないことにあります。実際に集中すべき資源は、右手や左手ではなく、体幹や足腰です。これらが「集中」すべき資源であり、それをどちらに使うかを「選択」しなければ、効果的な結果を得ることはできません。

全砲門一斉開放症候群

以前外資系の企業に勤めていた時、「Blow all the guns at once（手持ちの銃を全部ぶっ放せ）」という言葉が大好きなアメリカ人の営業リーダーがいました。印象的な表現です。ドラマや小説では、艦隊の砲撃戦で「全砲門開放！　一斉発射！」などというセリフが出てくることもあります。これはエンターテイメントの演出で、実際の軍隊の命令ではないという見解もありますが、こちらもとてもドラマチックです。

いずれも、複数の火砲が一斉に発射され、重要なタイミングで選択された目標に対して火力を集中して運用する様子は、「選択と集中」を体現しているようにも思います。では、問題は何でしょう。

問題は、たくさん撃ちすぎて、どれが当たったのか分からないということです。すなわち、評価や改善ができないのです。

さまざまなタッチポイントに10億円を投じて大成功したとします。「大成功だったから、次もやろう」となった場合、どれが当たったのか分からなければ、2回目も同じく10億円が必要です。ハズレもたくさんあったはずですが、また全弾を撃ち尽くすしか手がありません。

一斉発射の問題を解決する

このジレンマは実際の砲撃でも経験されたのでしょう。旧日本海軍の戦艦では、弾頭に着色剤を入れた徹甲弾を使っていたそうです。この砲弾を使うと、敵艦に命中せず、海面に外れた時に色がついた水柱が立ちます。

戦争映画やアニメでは、戦艦の艦砲射撃で砲弾が海面に落ちると、白い水柱が立ちますが、実際には艦ごとに指定された黄色や赤などの色がついていることがあったそうです。着弾位置が分かれば、効率よく照準を修正できます。日本軍ならではの創意工夫かと思っていましたが、アメリカもフランスもイギリスも装備していたそうです。どの軍でも、評価と改善の重要性を強く認識していたのでしょう。

現代のマーケティングにおいても、こうしたマーカーを仕込んでおくことは重要です。どのマーケティング活動が機能したのか、評価し改善できるような仕組みを用意しましょう。「売れた」という結果だけでなく、「何がどのように機能したか」が分かれば、次回はより効率の良い活動を立案できそうです。

デジタルな施策であれば、さまざまな成果指標で計測が可能です。アナログな施策であったとしても、コミュニケーションの内容、地域、期間などを工夫することで、どの活動がどういった成果につながったのか、計測できることが少なくありません。活動実施に際して、計測可能性を考えるだけでも成果に違いが出ます。

第3章 その4のまとめ

1. ダブルパンチ症候群

- 良好な選択肢が複数あると、つい同時に展開したくなる。これは「集中」しているように見えて、実は「選択」できていない。
- 体幹や足腰のようにひとつしかない「資源」に着目すると、解決できることがある。

2. 全砲門一斉開放症候群

- 全火力を集中するように、全資源を集中して投下するのは正しい方針である。評価と改善のためには「マーカー」や「計測可能性」を考慮し、成果を確認できる仕組みを導入する必要がある。
- デジタル施策だけでなく、アナログな活動においても成果を追跡できる設計が重要。

ACTION & LEARNING

- 過去に自社で行った施策の中で、複数のタッチポイントに資源を一斉に投下した事例がないか確認しましょう。その結果、評価が困難だった事例や改善できなかった事例を探してください。
- その事例について、何がどのように機能したか評価できなかった理由を考え、次回どうすれば計測可能にできるか、チームで議論しましょう。

その5／強いことと優秀であること

戦略の定義を通して、「強さ」や「優秀さ」といった競争力に関わる、曖昧だけれど興味深い事柄の理解が進むと思います。少し余談ですが、お話ししておきたいと思います。

「強い」とはどういうことか

競争や競合の議論になると頻出する言葉ですが、「強い」とはどういうことでしょう。戦略の理解を通してみると、私たちは「資源が豊富にあること」を「強い」と考えるようです。スポーツ、ビジネス、趣味など、どの分野でも、強い人や強いチームは、きっと多くの資源を持っているはずです。

強くなるコツ

であれば、「強くなる」ということは「多くの資源を手に入れる」ことだと理解できます。内部資源だけでなく、外部資源を借りてくる力も、「強い」ことに含まれると考えられます。とはいえ、例えば人数を増やすことがすなわち「強さ」かといえば、必ずしもそうではありません。人員が増えることで費用が増し、必要な物資も増えます。その分、手元の資源は減ってしまうこともあるでしょう。

強くなる仕組みを考えてみると、その仕組みは、資金や労力、時間など手元の資源を使って別の資源を手に入れる交換です。交換により、以前よりも強くなることができます。私たちは目前の活動に熱中しがちですが、「何のために強くなるのか」という「目的」を見失ってしまうと、やみくもな規模の拡大や、眼前の指標に固執しかねません。あらためて、活動ではなく目的を、現象ではなく仕組みを見据えましょう。

「優秀である」とはどういうことか

よく似た概念ですが、「優秀」とは何を意味しているのでしょうか。「優秀な人」を突き詰めると、「資源運用の効率が高い人」のことを指すことが多いと気づきます。

優秀になるコツ

同じ時間内にたくさんのことができる、同じ労力でもアウトプットが多い、同じ情報から解釈できることの幅が広い、同じ年数のビジネス経験から得られる理解が深い。私たちは、こうした人々を「優秀」と認識しているようです。そして共通する要素は、いずれも投下する資源に対して得られる成果が大きい、つまり資源交換の効率が良さそうだということです。

ではその資源交換の効率を定めているのは何でしょう。いろいろな議論がありそうですが、ひとつには「視点の多さ」ではないかと推察します。同じ事象を見ていても、より多くの情報を引き出せる視点を持つ人は、より多くのアウトプットを生み出せます。

生まれつき優秀であれば素晴らしいことですが、私たちの多くはそうでもありません。でも、「優秀である」ことの仕組みが分かったので、後天的に優秀になることができます。資源交換の効率を上げれば良いのです。そして、そのためには視点を増やすのは一助になりそうです。

視点拡張の方法

戦略のつくり方でお話しした「フィルターをかける」「コピーする」「イメージする」などの技術（120ページ参照）は、視点を増やし、資源交換の効率を高めるのに役立ちます。練習し修得することで、優秀になる手段として役立つと思います。

第3章 その5のまとめ

1. 強さとは、投下できる資源の総量である。
2. 優秀さとは、資源交換の効率の高さである。
3. 後天的に優秀になるためには、視点を増やすことが一助になる。

ACTION & LEARNING

- 周囲の優秀な人々を観察し、どのような資源交換に優れているか、あるいはどのような資源が彼らを特徴づけているか、考えてみましょう。

その6／練習の仕方

思考能力は身体技術

中学校の英語の授業は理解できたのに、試験で高得点を取り、実際に英語を話すのは難しいものです。数学や音楽、スポーツ、そしてマーケティングや戦略も同様です。

理解は精神の作用かもしれませんが、思考力が生まれる脳は精神ではなく身体の一部です。つまり、思考能力は身体技術なので、修得するには練習が必要です。幸いなことに、練習をすれば相当のレベルまで修得できます。

メジャーリーグで大活躍するためには、練習だけでなく幾ばくかの天才性が必要ではないかと想像しますが、社会人の野球サークルで活躍するのなら、努力と練習の積み重ねで実現できそうです。マーケティングの領域にも、メジャーリーガー級がいますが、出現率は高くありません。

　真正面の競合ブランドの担当者がメジャーリーガーである可能性は、確率的には極めて低いのです。だからこそ、一生懸命に鍛錬を積むことが意味を持ちます。練習だけで天才性に勝てるかどうか分かりませんが、練習をしていない人には到底及ばないレベルまで、身体技術を高めてくれることは間違いありません。戦略もマーケティングも同様です。

練習の仕方

　本講を通して、戦略は「目的と資源」で定義づけられ、説明できることが分かりました。日常的にこの2要素に親しむことで、戦略に関する思考能力を高められます。

方法①：プライベート

ビジネス誌やビジネス書、事例記事などを読む時や、歴史書や歴史小説、大河ドラマや戦国系の物語を楽しむ際には、「目的と資源」の観点で眺めてみましょう。ビジネスの顛末から再現可能な仕組みを見通せたり、歴史や物語の登場人物たちの行動を説明できたりすると思います。

方法②：ビジネス

年間や四半期など、定期的にビジネスレビューや活動の振り返り、競合分析などをされていることでしょう。どれくらい売れたか、シェアがどうなったか、という現象だけでなく、そうした結果を導いた仕組みを、「目的と資源」の観点で観察してみましょう。

「もし2年前に戻れるとしたら、自分たちはどのような行動をとるか」を考える振り返りができると素敵です。昨日できなかったことが、明日できそうです。経験から知識を得て、資源が増え、強くなりそうです。

第3章　その6のまとめ

1. 思考能力は身体技術である。
2. 練習しないと、できるようにはならない。
3. 練習すれば、相当のレベルまで対応できるようになる。

ACTION & LEARNING

○ここに示された練習を習慣的に実施してみましょう。

まずはビジネス誌の記事などを題材に、月に2回、3カ月間(計6回)やってみましょう。次いで、最初の題材をあらためてやってみます。もし、初めて読んだ時とは異なる観察ができていれば、その差が6回分の成果・成長です。変化が見られなければ、異なる題材で試してみましょう。あるいは、さらに3カ月練習してみてください。練習は裏切らないので、きっと新しい観点を確立できると思います。

○過去に行ったビジネスレビューや競合分析を、もう一度「目的と資源」の視点から見直してみるのも効果的です。

その際、どの資源がどの目的を達成するのに最も効果的だったか、チームで議論し、次に活かすための方法を考えましょう。

CHAPTER

04

WHAT IS STRATEGY?

おまけ

「成長と経験値」についての30分

成長について

ここからは「おまけ」です。直接的に戦略とは関係ありませんが、個人や組織の成長の方法についてお話ししたいと思います。戦略のスキルを修得し、あるいは組織への浸透を促す際にも、役に立つと思います。

リーダーたちに共通する特徴――経験値の高さ

多くの企業での活動や支援を通して、優れたビジネス・リーダーたちに共通する特徴に気づきました。ひと言でいえば、高い経験値です。彼らは成功や失敗を通して得た経験を知識に変え、成長の糧にしています。これは、優秀なスポーツ選手が練習ノートをつけて成長を記録する習慣に似ています。実際、メモを取りノートに残しているリーダーたちも少なくありません。

成長とは、昨日できなかったことが明日できる、と捉える

戦略と同様、成長も概念的で、人によって捉え方がさまざまです。精神論が語られることもありますが、成長は努力だけで完結するものではありません。成長とは、「昨日できなかったことが明日できるようになること」だと私は考えています。では、なぜ昨日できなかったことが明日できるようになるのでしょうか。

昨日できなかったことが明日できる理由

それは「新しい資源が追加されたから」です。例えば、新しい手段や技術を手に入れたのなら、できることが増えるでしょう。私たちが新商品や新チャネルに関心を寄せるのは、それが成長につながると直感的に理解しているからかもしれません。そして、「昨日知らなかった方法を今日知ったから」という知識の追加も、成長をもたらす資源のひとつです。ひょっとすると、長期的で有機的な成長の多くは、こうした「知識」かもしれません。

例えば、鉄棒の逆上がりができた瞬間を思い出してください。筋力の成長もありますが、練習の積み重ねと正しい方法を学んだ結果、身体が覚えてできるようになりました。

組織の経験値の数え方

1人が1年で得られる経験値を1とした時に、10人の組織であれば10経験値です。つまり10年分の経験値が組織内にあるはずです。仮に半分しか共有できなかったとしても、5年分の経験値を獲得できます。1年で5年分の経験値を獲得できる組織は、きっととても強い組織です。

この考え方を実践したのが、日本の化粧品会社のマーケティング組織改革でした。20あまりのブランドチームと各種横断部門など含む総勢400人の大規模組織で、経験や知識の共有を進める仕組みを導入しました。共通言語を構築し、経験から得られた知識の収集・蓄積・流通を促す仕組みを導入しました。ブランドごとの経験の4分の1でも共有できれば、各ブランドは1年に5年分の経験値を得られます。ブランドも、あるいは人や組織も、成長しないはずがありません。

こうした大規模な組織や、複数ブランドを擁する会社では、得られる経験値も大量です。知識流通の仕組みづくりは、CMO（最高マーケティング責任者）の最も重要な仕事のひとつです。

なぜ、経験値の共有がなされないのか

こうした知識共有が進まないのには2つの理由があります。

第一の理由は、「経験＝知識＝成長の源泉」という理解が十分ではないことです。そのため、プロジェクトや年間活動の振り返りが行われず、得られた経験値が流れていってしまいます。経験を知識に変えるためには、定期的な振り返りが必要です。

第二の理由は、「共通言語の欠如」です。各部門や個人が自由に用語を定義してしまうと、経験値を共有するのが難しくなります。特に合併や統合を経た組織では、異なる言語や文化が交錯し、知識共有が阻害されがちです。場合によっては、共通言語がないことを認識しにくいこともあります。日々の業務は何とか回せていたとしても、経験値の共有には言

語の統一が欠かせません。

戦略に関する共通言語が整備されていない組織は少なくありませんが、本講で議論した戦略の概念が共通言語として役立つかもしれません。こうした基盤が整うと、組織の成長は加速します。「戦略とは目的達成のための資源利用の指針」を組織の共通言語として適用してみるのは、良い実験になるかもしれません。

一次的な経験を知識に変える、振り返り

多くの企業や講演で、次のような質問を投げかけることがあります。「この1年間で最も時間や労力、お金をかけたプロジェクトを思い出してください。そのプロジェクトが成功でも失敗でも、そこからあなたとあなたの組織は何を学びましたか」。この経験を通じて、新たにできるようになったことは何でしょうか。

経験上、この質問に明確に答えられる人は、日本の多くの組織でわずか5%ほどです（こうした人たちこそ、前述した経験値の高いリーダーなのかもしれません）。残りの95%の人たちには、何らかの手助けが必要です。そこで、定期的な「振り返り」を行うことが役立ちます。

振り返りで何を記述するか

振り返りを習慣にしている組織でも、よく聞かれるのは「今年は売り上げで1億円を達成しました」といった結果の報告です。ボーナスや昇進につながるかもしれないので、結果報告は確かに重要です。しかし、これだけでは継続的な成長にはつながりません。むしろ、「今年は1億円を売り上げる方法を学びました」という振り返りができれば、来年も同じ目標を達成できる可能性が高まります。このような振り返りを通じて、「もし2年前に戻れるとしたら、どのような行動をとるか」といった問いへの答えを得ることができるでしょう（239ページ「練習の仕方」参照）。

振り返りには、本書ダウンロード特典「ラーニングサマリー」テンプレートをぜひ活用ください（269ページ参照）。プロジェクトごとに、組織と個人が経験を知識に変えて、強くなっていくための手立てとなるでしょう。

二次体験から知識を獲得する、事例の使い方

このような振り返りで取り上げられている自らの経験を、一次体験といいます。ビジネスの知識の多くはこの一次体験に由来します。対して、自ら経験しているわけではなく、他人の経験や書籍、ビジネス誌などから学ぶ疑似的な経験は、二次体験と呼ばれます。二次体験からは、直接の経験から得られない知識を学ぶことができます。社外の事例は、まさにこの二次体験の代表例です。

事例は昨日の野球の試合の記事か

成功事例は、聞いていて楽しいし、やる気を高める効果がありますが、実際には「たくさんの事例を読んだからといって、マーケティングがうまくなるわけではない」というのが現実です。これは、スポーツ新聞を読み続けても野球がうまくならないのと似ています。成功事例を知っていることが、必ずしも同じ結果を生むわけではないのです。

とはいえ、プロの選手や将棋の棋士が試合結果や過去の棋譜を研究するように、事例研究は重要です。ただし、事例をただ読むだけでなく、その中から本質を学び取る必要があります。二次的な経験を有効に活用するためには、事例を単なるストーリーとして捉えるのではなく、そこから知識や教訓を引き出す姿勢が求められます。

思考実験①

そこで、経験値について、ひとつ思考実験をしてみましょう。有名な『孫子の兵法』を書いたとされる孫武が、現代にタイムスリップしてきたら、彼は兵法を経営に応用し、高名なコンサルタントとして活躍できるでしょうか?

『平家物語』に登場する那須与一は、沖の小舟の旗竿に掲げられた扇を射落とした大弓の名手です。彼が現代に転生したら、弓をライフルに持ち替えて、一流の狙撃手になれるでしょうか？

江戸時代の有名な浮世絵師、葛飾北斎は「神奈川沖浪裏」など富嶽三十六景を描きました。もし彼が現代に生き返ったら、版画をデジタルアートに変え、稀代のアーティストになるでしょうか？

経験値の捉え方

これらの問いには検証可能な正解などありませんが、質問への答え方で「経験値の捉え方」が分かります。孫子や与一、北斎が現代でも成功すると信じる人が多い集団もあれば、そうではない集団もあります。集団の文化や業務内容によって、経験を「特定の道具への精通」と見るか、「普遍性や本質の修得」と捉えるか、考え方が分かれるようです。

道具か、本質か

孫武を「中国春秋時代の軍事専門家」と捉えるなら、彼の知識は現代ではあまり役に立ちそうもありません。しかし、彼が「戦略の本質を理解した思想家」であれば、時代を超えて現代でも通用するでしょう。

那須与一が「平安時代の大弓の技術に熟練した射手」であれば、その技術は弓道大会に限定されるかもしれません。しかし、彼が「狙撃術の専門家」であれば、現代のライフルを学び、狙撃手としても活躍できるかもしれません。

葛飾北斎も、ただの「江戸時代の版画家」と見るのではなく、「視覚表現の達人」と捉えれば、現代のデジタルツールを使って新たな芸術の領域で活躍できる可能性があります。

個々の「働きかけ方」に習熟するか、ものごとの「仕組み」を理解するか

この考え方は、みなさんが持つスキルにも当てはまります。孫子や葛飾北斎の例に照らし合わせるなら、「特定の道具に精通する」というのは、具体的な活動や施策、つまり「働きかけ方」に習熟することです。通常、時代が変わり、テクノロジーが変わるとそのスキルは使えなくなります。これに対して、「道具を超えた本質を修得する」というのは、「もののごとの仕組み」を理解するスキルに通じます。これは時代を超えて、幅広い状況で活用できる普遍的なスキルです。

これは、どちらが良い・悪いという話ではありませんが、両者の違いは明確です。同じ経験をしても、得られる学びは異なり、この違いは自分の経験からだけでなく、事例などから学ぶ場合にも当てはまります。

もし、みなさんのスキルが「働きかけ方＝特定の道具への精通」なのであれば、道具が変わるたびにスキルを更新する必要があります。常に新しいツールや技術に適応しなければなりません。もしスキルが「仕組み＝道具を超えた本質の修得」であれば、変わりゆく時代でもそのスキルを活かし続けることができます。新しい道具の使い方を学ぶことで、今まで培った経験や知識をもとにさらなる貢献が可能です。

版画で磨いた視覚表現のセンスがあるなら、CGを使ってそれを表現できれば、過去の経験や感性が大きく役立ちます。みなさんご自身がお持ちのスキルについても、同じように解釈が分かれることでしょう。

仕組みの代表例

「目的と資源」に代表される戦略の概念などは普遍的に役に立つ仕組みの一例かもしれません。また、マーケティングでは、特定の消費者グループではなく、人間全般に焦点を当てることや、製品の機能ではなく、ターゲット消費者が得るベネフィットに注目することが効果的です。このように、幅広い分野に転用できる知識やスキルは「仕組み」として分類されることが多く、テクノロジーの進展に適応する必要はありますが、抜本的な改廃が起きることは少なめです。

働きかけ方の代表例

「働きかけ方」では、4P（製品、価格、流通、プロモーション）に関連する具体的な活動に意識を向けます。例えば、露出するべきSNSの選び方、流通経路の使い方、動画の制作法、消費者調査のフォーマットなどが該当します。ブランドやカテゴリーをまたいで使えることもありますが、これらは具体的な技術や手法に依存します。テクノロジーが進化すると、知識やスキルの大きなアップデートが必要となったり、不要になったりする知識もあるでしょう。

「働きかけ方」では、成功事例に基づいて同じ手法を試したくなることがありますが、ターゲット、ベネフィット、組織の状況が異なると、同じ効果が期待できるとは限りません。ビジネスにおいては、単に手法を真似るのではなく、その背景にある目的や仕組みといった要因を理解することが重要です。

形なきものの形を見、声なきものの声を聞く

プロジェクトや戦略について考える時にも、自身の経験や事例から学ぶ時にも、目に見えるものに意識をとらわれがちです。日本の哲学者、西田幾太郎の言葉に「形なきものの形を見、声なきものの声を聞く」という一文があります。東洋哲学だけでなく、マーケティングや戦略についても、とても重要な視点だと思います。

「活動ではなく目的を、現象ではなく仕組みを見据える」ことが、より深い理解をもたらしてくれるでしょう。見えてくるもの、聞こえてくるものが変化するかもしれません。

第4章のまとめ

1. 成長とは何か

- 「昨日できなかったことが明日できるようになること」
- 新しい手段に加えて、経験から得た知識が成長の鍵である。

2. 組織の経験値の共有

- 組織全体で経験値を共有することで、組織と個人の成長が加速される。
- 共通言語を確立し、定期的な振り返りを行うことが重要である。

3. 一次体験と二次体験

- 自分の直接的な経験（一次体験）に加え、他者の事例や歴史から学ぶ（二次体験）ことで、成長のための知識を広げられる。

4. 「働きかけ方」と「仕組み」

- 成功事例や経験から、時代に即した「道具」や「働きかけ方」だけでなく、普遍的な「本質」や「仕組み」を理解することもできる。前者は特定の技術や活動に必要であるけれど、個別固有で応用はしにくい。後者は抽象的であるけれど、普遍的で応用が利く。

5. 振り返りの重要性

- 一年の振り返りを通して、成果だけでなく、その成果をもたらした方法や仕組みを学ぶことが、継続的な成長に必要である。

6.「形なきものの形を見、声なきものの声を聞く」

- 目に見える活動や現象だけに注目するのではなく、目的や仕組みに焦点を当てて思考し、行動することがより深い理解をもたらす。

ACTION & LEARNING

- この1年間を振り返った時、最も時間や労力、お金をかけたプロジェクトを思い出してください。それが成功であれ、失敗であれ、あなたとあなたの組織は、そのプロジェクトから何を学んだでしょうか。
- 自身や組織の経験を「仕組み」と「働きかけ方」の観点で整理し、どちらに属する知識か検討しましょう。
- これらの学びについて、上司やチームで議論して気づきを共有しましょう。

おわりに

本書を手に取り、また最後までお読みいただきありがとうございます。もし、以下の3つの言葉を覚えていらしたら、本書の試みは成功です。とてもうれしく思います。

①目的と資源
②目的の再解釈
③資源優勢

もしうろ覚えであれば、そのうち2周目を試みてください。思考能力も身体技術ですから、2周目は1周目よりも素早く終わり、得られるものも多いかもしれません。

「はじめに」でも書いたように、前作『なぜ「戦略」で差がつくのか。』を機に、戦略に関する議論をする機会に恵まれました。クライアントの戦略立案支援に加えて、いくつもの講座やセッションでの大勢の方々との議論を経て目的と資源を把握し、目的を再解釈することの有用性は繰り返し確認されています。そして、「資源優勢」という考え方が新しく削り出されました。

「目的を明確にする」だけでも、成功率を著しく高められることが確認されています。ぜひSMACを使って書いてみてください。さらに目的の再解釈は、目的の明確化以上に実施されていない組織が多いと思います。実施されると、それだけでアウトプットは飛躍的に改善します。きっと、競争優位の源泉になると思います。

「資源、特に固有の資源を見出す」作業をすることで、組織ぐるみで、昨日できなかったことをできるようになれるでしょう。ぜひ目的を意識しつつ、実施してみてください。

そして、ここまでできたら、「資源優勢の確立」を通して、目的達成に臨んでみましょう。新しい領域に到達できるだろうと思います。

経営戦略や競争戦略で議論されるフレームワークとは、少し異なる戦略の捉え方を提示してきましたが、はたして類似の考え方が存在するのか、気になる方がいらっしゃるかもしれません。

ここ数年の間に、アメリカ陸軍戦略大学（United States Army War College）でArthur F. Lykke Jr.大佐が説明している戦略の定義と強い一貫性を持っていることを見つけました。彼はその著作の中で、軍事戦略は目的、資源、戦略コンセプトをもって構成され、リスクに対峙すると説明しています。戦略を構成する要素である3つの項目のうち、2つまでは共通しています。

戦略コンセプトはそのままではマーケティングやブランディングに適応しにくいものですが、例えばトライアル策やリピート策のように、典型的な目的再解釈案（あるいは資源優勢案）を定型化したもののようです（もしこれが誤認であるとご存じの方がいらしたら、編集部までお知らせください。改訂の機会で修正したいと思います）。桶狭間の事例では殲滅、消耗などといくつか例示しましたが、これらが戦略コンセプトだと思われます。

キャリアの最初で17年間を過ごしたP&Gでの経験が、戦略の考え方を構造化する原点です。そして、私が在籍していた頃のCEOは海軍や、陸軍士官学校の出身の方々でした。本格的な軍事戦略の骨子を継承していることも、理解できるように思います。

最近、戦略について興味深い議論がありました。ひょっとすると少し役に立つかもしれないので、ここで共有しておきたいと思います。

戦略が必要となる状況（多くは戦争）に際して、孫子は「敵を破らずして敵を服する者、善の善なる者なり＝戦わずして勝つ」を目指しつつ、「現実的には避けられない武力衝突もあること」を障害と考えたため、「兵は詭道なり」という考え方で障害に対処しようと考えました。

対して、クラウゼヴィッツは「敵兵力を殲滅するための決戦」を志向しつつ、実際には「戦場の霧」を障害と考えたため、「Coup d'oeil（クードゥイユ：一瞥で見通す、の意）」という能力で障害に対処しようと考えました。

また、リデルハートは「敵の屈服による戦争終結」を求めつつ、「正面からの物理的な激突による物的・経済的損害」を障害と考えたため、「間接的アプローチ」によって障害に対処しようと考えました。

こうした、戦略の泰山北斗からの薫陶は、戦略の考え方を進めるうえで非常に重要な示唆をもたらします。本書でも繰り返した「達成すべき目的をどのように再解釈するか」という点は、いわば直接的なアプローチからの脱却を企図していて、リデルハートの「間接的アプローチ」の実践的な運用の一例だと理解できます。

また、自分たちが保有する多くの資源の中でも、特に「固有の特徴が資源化するための工夫」を見出すのは、戦場の霧の中で部分的な視界から重要な兆しを見出す「Coup d'oeil」の能力が、現代でも実践的に機能する場面のひとつであると感じます。

そして、最終的に「資源優勢」が確保され、目的達成に対して資源が十分に備わっている様子は、「敵を破らずして敵を服する者、善の善なる者なり」の記述と通じるものかもしれません。

（多分に理解不足や勘違いなども含みつつ）こうした思索や議論を通して、風雪を経た本質との少しばかりの関連を見つけることは、大仰な署名を掲げた本書の刊行に際して、いくばくかの言い訳と安心感を与えてくれます。

本書の刊行を通して、前作にもまして戦略について議論する機会が広がることを、心から楽しみにしています。

謝辞

今回も、多くの方々に支えられて、この書籍を出版することができました。大学院の先生方、クライアントの皆さま、先輩、同僚・仲間・友人たち、後輩、内田塾寺子屋の同窓の皆さん、そしてWBS（早稲田大学ビジネススクール）をはじめ講座講演にご参加いただいた皆さんに、心から感謝を申し上げます。特に、フィードバックをくださった方々の貴重なご意見によって、大幅に読みやすくなりました。

さらに、カンファレンスのアドバイザリーメンバーや審査員、講演、記事執筆の機会を提供してくださる皆さまのご支援も、この書籍の完成に不可欠でした。編集をご担当いただいた上条慎さんと関係者の方々には、過酷なスケジュールを見事にこなし、常に忍耐強くサポートいただき、心から感謝しています。

また、本書の刊行を機会に、両親にも深く感謝の意を表したいと思います。幼少期から、父の小さな書斎で歴史や軍事、戦略に関わる書物に親しむ機会に恵まれました。普通のサラリーマン家庭でしたが、父も母も、書物は無尽蔵に与えてくれたのもありがたいことでした。日本で発売されたばかりだったシミュレーションゲームの、専門誌の創刊号を近所の書店で買ってくれた日は、ひとつの分岐点だったかもしれません。多感な中学時代に、あの書斎からリデルハートやクラウゼヴィッツを持ち出し、友人たちと机上のゲームを通して実践を重ねたことは、戦略に関する「10000時間」につながりました。

こうした原体験の支えがなければ、先達の研究に触れることも、本書で展開してきた戦略の考え方を見出すこともなかったでしょう。さらに、第2章で示した「桶狭間の戦い」に関する考察は、父の著述からとても大きな影響を受けていることも、付け加えておかねばなりません。

最後にいつもの通り、連休や週末の執筆をものともしない妻と、3匹の猫たちの応援がなければ、この原稿は完成しませんでした。皆さんのご支援と励ましに、改めて深く感謝いたします。

2024年、秋、大安吉日

特　典

本書で紹介した「ラーニングサマリー」テンプレートを
購読者限定で無料で使用することができます。

経験を知識に変えるための振り返りにぜひ活用ください。

振り返りについては第4章（CHAPTER04）をご覧ください。

アクセス方法

下記URLまたはQRコードからアクセスしてください。

https://sendenkaigi.com/r/strategy4h/

本件に関するお問合せ：
株式会社宣伝会議 書籍編集部　shoseki-henshu@sendenkaigi.co.jp

〈ご注意〉●ダウンロードしたテンプレートのデータは個人的使用の範囲に限らせていただきます。著作権者である株式会社クー・マーケティング・カンパニーの許可なしに複製・転載・再配布をすることはご遠慮ください●バージョンアップなどの理由により、収録データを適宜変更することがあります●諸般の事情により、予告なしにテンプレートの提供を終了する場合がありますので、あらかじめご了承ください。

参考文献

『マーケティング22の法則』アル・ライズ／ジャック・トラウト著、新井喜美夫 訳（東急エージェンシー）
『ブランド・エクイティ戦略』デービッド・A・アーカー 著、陶山計介／中田善啓／尾崎久仁博／小林哲 訳（ダイヤモンド社）
『フォーカス』アル・リース 著、島田陽介 訳（ダイヤモンド社）
『ブランド　価値の創造』石井淳蔵 著（岩波書店）
『進化するブランド』石井淳蔵 著（碩学舎）
『異業種競争戦略』内田和成 著（日本経済新聞出版）
『イノベーションの競争戦略』内田和成 編著（東洋経済新報社）
『イノベーションの普及』エベレット・ロジャーズ 著、三藤利雄 訳（翔泳社）
『イノベーションのジレンマ　増補改訂版』クレイトン・クリステンセン 著、玉田俊平太 監修／伊豆原弓 訳（翔泳社）
『コア・コンピタンス経営』ゲイリー・ハメル／C・K・プラハラード 著、一條和生 訳（日本経済新聞出版）
『競争優位の戦略』M・E・ポーター著、土岐坤／中辻萬治／小野寺武夫 訳（ダイヤモンド社）
『企業戦略論』ジェイB．バーニー 著、岡田正大 訳（ダイヤモンド社）
『ストーリーとしての競争戦略』楠木健 著（東洋経済新報社）
『経営戦略の思考法』沼上幹 著（日本経済新聞出版）
『企業戦略を考える』淺羽茂／須藤実和 著（日本経済新聞出版）
『経営戦略の論理』伊丹敬之 著（日本経済新聞出版）
『戦略プロフェッショナル』三枝匡 著（ダイヤモンド社）

『新版　経営戦略の経済学』浅羽茂 著（日本評論社）
『科学とはなにか』佐倉統 著（講談社）
『戦争論 レクラム版』K．V．クラウゼヴィッツ 著、日本クラウゼヴィッツ学会 訳（芙蓉書房出版）
『孫子』金谷治 訳注（岩波書店）
『マンガ　孫子・韓非子の思想』蔡志忠 作画、和田武司 訳、野末陳平 監修（講談社）
『米陸軍戦略大学校テキスト　孫子とクラウゼヴィッツ』マイケル・I・ハンデル 著、杉之尾宜生／西田陽一 訳（日本経済新聞出版）
『リデルハート戦略論　間接的アプローチ』B・H・リデルハート 著、市川良一 訳（原書房）
『第一次世界大戦』B・H・リデルハート 著、上村達雄 訳（中央公論新社）
『第二次世界大戦』B・H・リデルハート 著、上村達雄 訳（中央公論新社）
『補給戦』マーチン・ヴァン・クレヴェルト 著、佐藤佐三郎 訳（原書房）
『戦争の変遷』マーチン・ファン・クレフェルト 著、石津朋之 訳（原書房）
『フラー 制限戦争指導論』J・F・C・フラー 著、中村好寿 訳（原書房）
『超限戦　21世紀の「新しい戦争」』喬良／王湘穂 著、坂井臣之助 監修、Liu Qi 訳（KADOKAWA）
『戦略的思考とは何か』岡崎久彦 著（中央公論新社）
『あの戦争になぜ負けたのか』半藤一利／保阪正康／中西輝政／戸高一成／福田和也／加藤陽子 著（文藝春秋）
『失敗の本質』戸部良一／寺本義也／鎌田伸一／杉之尾孝生／村井友秀／野中郁次郎 著（中央公論新社）
『日本海軍の戦略発想』千早正隆 著（プレジデント社）
『一下級将校の見た帝国陸軍』山本七平 著（朝日新聞社）
『日本のいちばん長い日』半藤一利 著（文藝春秋）

『大本営参謀の情報戦記』堀栄三 著（文藝春秋）
『戦略論の名著』野中郁次郎 編著（中央公論新社）
『ヨーロッパ史における戦争』マイケル・ハワード 著、奥村房夫／奥村大作 訳（中央公論新社）
『兵器と戦術の日本史』金子常規 著（中央公論新社）
『戦略の形成　支配者、国家、戦争』ウィリアムソン・マーレー／マクレガー・ノックス／アルヴィン・バーンスタイン 編著、石津朋之／永末聡 監訳、歴史と戦争研究会 訳
『ドイツ傭兵の文化史』ラインハルト・バウマン 著、菊池良生 訳（新評論）
『戦争の世界史』W．H．マクニール 著、高橋均 訳（刀水書房）
『軍事の事典』片岡徹也 著（東京堂出版）
『戦闘技術の歴史1　古代編』サイモン・アングリム／フィリス・G・ジェスティス／ロブ・S・ライス／スコット・M・ラッシュ／ジョン・セラーティ 著、松原俊文 監修、天野淑子 訳（創元社）
『戦闘技術の歴史2　中世編』マシュー・ベネット／ジム・ブラッドベリー／ケリー・デヴリース／イアン・ディッキー／フィリス・G・ジェスティス 著、淺野明 監修、野下祥子 訳（創元社）
『戦闘技術の歴史3　近世編』クリステル・ヨルゲンセン／マイケル・F・パヴコヴィック／ロブ・S・ライス／フレデリック・C・シュネイ／クリス・L・スコット 著、淺野明 監修、竹内喜／徳永優子 訳（創元社）
『戦闘技術の歴史4　ナポレオンの時代編』ロバート・B・ブルース／イアン・ディッキー／ケヴィン・キーリー／マイケル・F・パヴコヴィック／フレデリック・C・シュネイ 著、淺野明 監修、野下祥子 訳（創元社）
『シリーズ戦争学入門　軍事戦略入門』アントゥリオ・エチェヴァリア 著、前田祐司 訳（創元社）

『シリーズ戦争学入門　第二次世界大戦』ゲアハード・Ｌ・ワインバーグ著、矢吹啓訳（創元社）
『シリーズ戦争学入門　戦争と技術』アレックス・ローランド著、塚本勝也訳（創元社）
『第二次世界大戦』ウィンストン・Ｓ・チャーチル著、佐藤亮一訳（河出書房新社）
『〈ビジュアル版〉データで見る第二次世界大戦』ピーター・ドイル著、竹村厚士監訳（柊風舎）
『戦術と指揮』松村劭著（ＰＨＰ研究所）
『ドイツ参謀本部』渡部昇一著（中央公論新社）
『〈ビジュアル版〉世界の戦い歴史百科』Ｒ・Ｇ・グラント編、竹村厚士監修、藤井留美訳（柊風舎）
『ルーデンドルフ　総力戦』エーリヒ・ルーデンドルフ著、伊藤智央訳（原書房）
『大いなる聖戦』Ｈ・Ｐ・ウィルモット著、等松春夫監訳（国書刊行会）
『歩兵は攻撃する』エルヴィン・ロンメル著、浜野喬士訳、田村尚也／大木毅解説（作品社）
『戦車に注目せよ』ハインツ・グデーリアン著、大木毅編訳・解説、田村尚也解説（作品社）
『電撃戦』ハインツ・グデーリアン著、本郷健訳（中央公論新社）
『失われた勝利』エーリヒ・フォン・マンシュタイン著、本郷健訳（中央公論新社）
『戦争と演説』ジェイコブ・Ｆ・フィールド著、阿部寿美代／平澤亨訳（原書房）
『独ソ戦　絶滅戦争の惨禍』大木毅著（岩波書店）
『勝敗の構造』大木毅著（祥伝社）
『軍隊指揮　ドイツ国防軍戦闘教範』ドイツ国防軍陸軍統帥部／陸軍総司令部編纂、旧日本陸軍／陸軍大学校訳、大木毅監修・解説（作品社）
『各国陸軍の教範を読む』田村尚也著（イカロス出版）

『戦闘戦史』樋口隆晴 著（作品社）
『「作戦」とは何か』中村好寿 著（中央公論新社）
『自衛隊元最高幹部が教える　経営学では学べない戦略の本質』折木良一 著（ＫＡＤＯＫＡＷＡ）
『愚者の渡しの守り』アーネスト・スウィントン 著、武内和人 訳（国家政策研究会）
『機動戦士ガンダム』富野由悠季 著（角川書店）
『機動戦士ガンダム THE ORIGIN』安彦良和 著、矢立肇／富野由悠季 原案、大河原邦男 メカニックデザイン（角川書店）
『ガンダムでわかる現代ビジネス』田中準也 著、サンライズ 監修（ＳＢクリエイティブ）
『なぜ「戦略」で差がつくのか。』音部大輔 著（宣伝会議）
『The Art of Marketing マーケティングの技法 パーセプションフロー®・モデル全解説』音部大輔 著（宣伝会議）
『マーケティングの扉 経験を知識に変える一問一答』音部大輔 著（日経ＢＰ）
"Marketing Warfare" Al Ries/Jack Trout, Plume
Lt. Col. Richard E. Berkebile, U.S. Air Force, Retired (2018). Military Strategy Revisited: A Critique of the Lykke Formulation. Military Review Online Exclusive, May 2018.
Yarger, Harry R. (2006). Toward A Theory Of Strategy: Art Lykke and the Army War College Strategy Model. U.S. ARMY WAR COLLEGE GUIDE TO NATIONAL SECURITY POLICY AND STRATEGY, 2nd Edition, Revised and Expanded, 107-114.
Colonel Arthur F. Lykke Jr., US Army, Retired(1997) . Defining Military Strategy. Military Review, January-February 1997.

音部大輔（おとべ・だいすけ）

株式会社クー・マーケティング・カンパニー　代表取締役
17年間の日米P&Gを経て、ダノンやユニリーバ、資生堂などで、マーケティング組織強化やビジネスの回復・伸長を、マーケティング担当副社長やCMOとして主導。2018年より独立し、現職。消費財や化粧品をはじめ、家電、輸送機器、広告会社、放送局、電力、D2C、医薬品、IP、BtoBなど、国内外の多様なクライアントのマーケティング組織強化やブランド戦略を支援。博士（経営学・神戸大学）。著書に『なぜ「戦略」で差がつくのか。』（宣伝会議）、『The Art of Marketing マーケティングの技法』（同、「マーケティング本大賞2022」大賞受賞）、『マーケティングプロフェッショナルの視点』『マーケティングの扉』（日経BP）などがある。

君は戦略を立てることができるか
視点と考え方を実感する4時間

発行日　2024年11月20日　初版第一刷発行
　　　　2025年 2月 2日　初版第六刷発行

著者 …… 音部大輔
発行者 …… 東 彦弥
発行所 …… 株式会社 宣伝会議
〒107-8550
東京都港区南青山3-11-13
TEL.03-3475-3010
https://www.sendenkaigi.com/

アートディレクション …… 細山田光宣
デザイン …… 鎌内 文、室田 潤、橋本 葵
（細山田デザイン事務所）
印刷・製本 …… シナノ書籍印刷株式会社

ISBN978-4-88335-614-0

宣伝会議 の書籍

なぜ「戦略」で差がつくのか。
戦略思考でマーケティングは強くなる

音部大輔 著

意味や解釈が曖昧なまま多用されがちな「戦略」という言葉を定義づけ、実践的な思考の道具として使えるようまとめた一冊。P&G、ユニリーバ、資生堂などでマーケティング部門を指揮・育成してきた著者が、ビジネスの現場で戦略を使いこなす方法について指南する。

■本体1800円＋税　ISBN 978-4-88335-398-9

The Art of Marketing
マーケティングの技法

音部大輔 著

メーカーやサービスなど、様々な業種・業態で使われているマーケティング活動の全体設計図「パーセプションフロー・モデル」の仕組みと使い方を解説。消費者の認識変化に着目し、マーケティングの全体最適を実現するための「技法」を説く。ダウンロード特典あり。

■本体2400円＋税　ISBN 978-4-88335-525-9

企業が成長し続けるための7つのステップ
パーパスの浸透と実践

齊藤三希子 著

パーパスを策定したけれど、この先どうしたら良いのかわからない——。そんな企業に向けて、長くパーパス・ブランディングに取り組んできた筆者が書下ろした本書。策定と浸透の両面にわたり、パーパス実現への道のりと具体的な事例や実践的なアプローチを紹介する。

■本体2200円＋税　978-4-88335-613-3